井筒俊彦

起源の哲学

安藤礼二

慶應義塾大学出版会

はじめに

私にとって、井筒俊彦（一九一四—一九九三）は、批評の特別な対象であった。

私が世に問うた最初の書物、『神々の闘争　折口信夫』（講談社、二〇〇四年）の段階ですでに私は、民俗学者であり国文学者であった折口信夫の営為に、真の意味での完成を与えたのは井筒俊彦ではなかったかと論じている。折口信夫による神道、鈴木大拙による仏教、井筒俊彦による一神教の創造的な解釈学、そうした解釈学の系譜によって、近代日本思想史にして近代日本表現史を描ききることができるのではないか。当時、そう思っていた。そして、その思いは現在においても、まったく変わっていない。

井筒俊彦は、折口信夫からは直接的に、鈴木大拙からは間接的に、その教えを受けている。井筒俊彦の一神教は、折口信夫の神道と鈴木大拙の仏教を一つに総合するものとして形になった。それが私の結論である。これまでに私は、折口信夫の営為については、自分で完全に納得がいくまで考え抜き、一冊の書物、『折口信夫』（講談社、二〇一四年）としてまとめることができた。鈴木大拙については、自分では完全に納得するところまではいっていないが、しかし当時尽くせるだけの力を尽くして、『大拙』（講談社、二〇一八年）として一冊の書物にまとめることができた。

最後まで論じられなかったのが井筒俊彦である。井筒俊彦が残してくれた多彩で膨大な仕事を、その根底から理解するためには、アラビア語とペルシア語の知識が必要不可欠である。しかし、残念ながら私は、その二つの言語に対する初歩的な知識すらまったく持っていなかった（現在は少し異なる）。私にできることは、ただ愚直に井筒が残してくれたテクストを読み進めていくことだけであった。しかし、二〇〇〇年代の初頭においては、そのこと自体が難しかったのだ。すでに中央公論社から著作集は刊行されてはいたが、井筒の生涯全体、著作全体をカバーするものとは言い難かった。なぜなら、井筒が世界から評価された著作群は日本語ではなく英語で書かれていたからだ。井筒の英文著作を網羅的に揃え、網羅的に読むことは、まだ駆け出しの一介の批評家である私にとっては不可能であった。

また、現在においてはやや理解されがたい状況であるかもしれないが、専門とする研究者たち以外で――あるいは専門とする研究者たちのなかにおいてさえも――井筒が残してくれたテクストを意識的に読んでいこうとする表現者はほとんどいなかった。少なくとも私にはそう思えた。井筒はまったく読まれていなかったのだ。私自身、井筒について書いた原稿の掲載を、文芸誌や一般誌から、「マイナーすぎる」、あるいは「誰も知らない」という評言のもと、何度か断られている。時代が大きく変わったのは、若松英輔氏が、井筒についてのはじめてのモノグラフ、『井筒俊彦　叡知の哲学』（慶應義塾大学出版会、二〇一一年）を出版した前後からであったと思う。若松氏の調査および研究と並行するような形で、慶應義塾大学出版会から井筒が日本語で残してくれた著作のすべてを編年体でまとめ、綿密な校訂を付した『井筒俊彦全集』が刊行され、さらには主要な英文著作もまた『井筒俊彦英文著作翻訳コレクション』として刊行された。

文字通り、井筒俊彦が日本語と英語で残してくれた著作のほぼすべてを読むことが可能になったのである。私自身もまた、この『井筒俊彦英文著作翻訳コレクション』のなかの一冊を構成する『言語と呪術』の監訳を担当することができた。私は、井筒俊彦が一体何者であったのか、また結局は何を為したのか、それを知るためには、なによりもまずこの『言語と呪術』を読まなければならないと思っていた。そうした思いも、いまこの現在においても、当時とまったく変わっていない。結局のところ、井筒俊彦とは、「意味」の探究者だったのである。言葉の持つ呪術的にして詩的な「意味」があらわとなる瞬間、「意味」が生み落とされる瞬間を哲学に、文学に、そして宗教の起源に探究した表現者であった。私にとっての井筒俊彦は、その点に尽きる。「意味」の発生にして、「意味」の解放は、現実の時間と空間の秩序を根底から覆してしまう力を秘めている。井筒俊彦の表現は、限りのない魅惑とともに限りのない恐怖もまた秘めている。最も力を持った表現は、そのような両義性にして二重性を免れ得ない。私は、井筒俊彦の営為の全貌を、そうした両義性にして二重性のまま、一冊の書物としてまとめたいと思った。その結果が本書である。

私が最もこだわった「意味」の探究者としての井筒については、『言語と呪術』の解説としてまとめた一文を、本書の第三章「始原の意味を索《もと》めて」として収録している。『全集』と『翻訳コレクション』の刊行によってはじめて日本語として読めるようになった井筒の全体像に関しては、おそらくは第二章「ディオニュソス的人間の肖像」が最も詳しい。私が理解した限りでの井筒俊彦の全体像を提示している。本書の第一章「原点」は、これまでまったく「私」について語ってこなかった井筒の「家族」の謎に、関係者たちへの取材をもとにして迫ったものである。井筒を論じた他の著書にないオリジナリティがあるとしたら、ここまで述べてきた第一章から第三章にあるはずだ。第四章以降は、井筒の持つ魅惑と恐怖の両極を、自分なりにまとめていったものである。特に第四章の前半を構成する「大東亜共栄圏の哲学」は、本書に先んじて二〇〇六年に発表したものであるが（今回微修正を加えている）、この危険な論考を真っ先に、なおかつ最大限の評価をもって読んでくれたのが、小説家の大江健三郎氏であった。大江氏の励ましによって、私は文章を書き続けることができた。大江氏は、自身の名を冠した賞で報いてくれた。また、近年高まっている井筒批判については終章「哲学の起源、起源の哲学」において、私なりの応答を記している。この終章が、私にとっての井筒俊彦理解の最前線でもある。

その探究の焦点は「空海」の営為をどう捉え直していくかに、おそらくは集約されていくであろう。大乗を超えると称した金剛乗の教えを、空海はこの極東の列島、日本にはじめてもたらした。世界にその版図を広げた中華の大帝国、唐の中心で金剛乗の教えは磨き上げられていった。金剛乗の教えを大成した空海の思想上の師、不空はソグド人たちのコミュニティをその活動の基盤としていた。ソグド人たちとは、唐帝国とローマ帝国を一つに結ぶシルクロードの交易を一手に担っていたイラン系の人々である。唐とローマを一つに結ぶそのシルクロードの最も重要な結節点にイランは位置している。二〇二二年九月の二週間ほど、私は、幸運なことにイランの各地（テヘラン、タブリーズ、シラーズ）を旅することができた。昨年末、残念ながらこの世を去った世界的な建築家、磯崎新氏の導きによって、であった。磯崎氏は井筒俊彦の営為に甚大な関心を抱いていた。イランを訪れてみて、私は実感した。イランとは、なによりも「道」である、と。もちろん、わずか二週間程度の滞在の印象なので、単なる一旅行者の感想にしか過ぎないのではあるが……。

そこには空と大地、光と闇しか存在していなかった。荒涼たる岩山と砂漠の間を人々が行き交っている。その合間合間に、雪解け水を源とした新鮮な水が湧き出し、その結果として緑が、オアシスが存在するようになる。そこに都市が生まれる。都市と都市が、交易民たちの「道」によって結ばれていく。外に通じる無数の穴が穿たれた城塞、キャラバン・サライ（隊商宿）やバーザール（市場）が、そのまま都市へと拡大されてゆく。イランからローマへと向かう道には、アルメニア正教やキリスト教ネストリウス派といった正統な教義が定まる以前のキリスト教の始原にあたる教えを奉ずる数々の教会が残されている（現在でもその教えが守られている）。まさに「原始キリスト教」の道である。イランから唐へと向かう道は、その過程で「大乗」という教えが生み落とされた西域地方にダイレクトにつながり、西域地方に大きくひらかれてゆく。正真正銘、「大乗仏教」の道、大乗仏教が発生してきた道である。私たちが訪れたイラン北東部、アルメニア、アゼルバイジャン、さらにはトルコと国境を接するタブリーズの博物館では、そこから発掘された中国製陶器の数々が展示されていた。文字通り、「道」としてのイランによってローマと唐が、原始キリスト教と大乗仏教が、一つに結び合わされていたのである。

井筒俊彦の自他共に認める代表作、全編が英語でまとめられた『スーフィズムと老荘思想』は、イブン・アラビーが生み出し、イランで形を整えた「存在一性論」と、中国で儒教との対抗関係から生まれた老荘思想（タオイズム）との間に存在する思想上の類似を探った著作である。「大乗仏教」はその二つの極の間に生み落とされたのだ。そう読み解くことが可能である。井筒は、そこ、スーフィズムとタオイズムの「間」に歴史的な交渉ではなく、あくまでも二つの宗教思想の教義上の、世界観における構造的な類似のみを認めるという立場を崩さなかった。その点で、多くの批判も浴びた。それは机上の空論であり、最悪の宗教的な折衷、エキュメニズムに過ぎない、と。しかし、後半生、イランを生活の場としていた井筒は、まさに「道」としてのイランによってスーフィズムとタオイズムが相互につながり合い、相互に転換し合う様を、まざまざと幻視していたはずである。それは、空海の金剛乗が形づくられていく「道」でもあった。構造のみならず、歴史の上からも検証可能な「道」である。今後、この私もまた、限りなく微力ではあるが、自分なりの方法で、井筒が切り拓いてくれた「道」をたどり直していきたいと考えている。それが、井筒から引き継いだ私自身の課題である。

本書は、井筒俊彦の『全集』と『翻訳コレクション』がなければ形にならなかった。両シリーズの編集を担当され、機会がある度に井筒についての催しにお呼びいただき、多くの論考を依頼され、調査に同行していただいた片原良子さんに本書全体の構成、重複箇所のチェックと整理等々、本来ならば著者がやらなければならない仕事の大部分をやっていただいた。ただそれでも主題の重複は免れていない（ひとえに著者の責任である）。

本書はいわば、片原さんとの共著でもある。あらためて、最後に、片原さんに対する深い感謝の念を記しておきたい。また、「砂漠」の無限の広がり、その果てしのない「地平」というコンセプトから本書を理解し、それを装丁として見事に実現して下さったデザイナーの小川順子さん、そのようなイメージを体現する素晴らしい作品を挿画として使用することを快く許可していただいたアーティストの勢藤明紗子さんにも篤く御礼申し上げたい。井筒俊彦を主題とした一冊の書物が、女性たちの力によって世の中に出され、読者のもとに届けられることに大きな感銘を受けている。

井筒俊彦　起源の哲学　目次

第一章　原点――家族、西脇順三郎、折口信夫

父と母と妻

井筒俊彦が眠る井筒家の墓は、北鎌倉、円覚寺の塔頭の一つである雲頂菴にある。名前の通り、山の斜面を登った高台の上、ただそこに空《そら》だけが広がっているような見晴らしの良い場所である。横須賀線が通っていく谷を挟んで、その向こう側にかつて井筒が住んでいた家を望み、さらにその彼方に鮮やかな富士の姿を望むことができる。この場所は井筒の強い意志によって選ばれ、井筒家の墓が移されたという。昭和四〇年代のことであったとされる。円覚寺こそ純粋な禅の教えを現在に伝える唯一の寺院である。そこに自分は死後葬られたい。井筒は、そう考えていたようである。

そしてまた、その円覚寺は、近代を迎えるとともに、今北洪川、釈宗演という二人の優れた管長

のもと、臨済の禅をいち早く、僧侶だけでなくごく一般の、救いを求める人々にひらいた。そうした円覚寺の願いに応えるかのようにして、円覚寺に参禅した者たちのなかに夏目漱石や西田幾多郎、そして鈴木大拙がいる。鈴木貞太郎という一人の青年が大拙という居士号を得て、近代日本思想史を大きく塗り替えることになった寺院でもある。おそらく、井筒は、自らの意志でそのような系譜に連なろうとした。さらにまた、後述するように、「父」の教えを引き継ぐという意識も強くあったように思われる。

墓誌には、俊彦とその妻の豊子をあわせて、五人の名前とその没年月日、そして享年が記されていた（もちろん、それぞれの戒名も記されているのだが、煩雑になるためここでは省略する）。ただ、それだけである。井筒の一族は、ここに刻み込まれた五人の名前を残して、あとはすべて「無」へと消滅してしまった。墓誌に記された名前を順に並べるならば、こうなる。

昭和一四年六月二一日歿　井筒ミドリ　一五歳
昭和一九年一〇月三日歿　井筒信太郎　五九歳
昭和二四年八月一五日歿　井筒シン子　六一歳

そして、井筒俊彦（一九九三年一月七日歿、七八歳）、井筒豊子（二〇一七年四月二五日歿、九一歳）と続

く。井筒にはちょうど一〇歳ほど年が離れた妹がいたのである（弟である可能性もあるが、現在では確かめるすべがない）。俊彦と豊子はひとまわりほど年が離れており、昭和二七年（一九五二）に結婚している。そのとき、すでに井筒の父も母もこの世にはいなかった。井筒の家には、ただ、「おば」だけが同居していたという。当時、井筒の家で共同生活を送っていた愛弟子、後に井筒と決別し、独自の意味論の体系を確立していった言語学者、鈴木孝夫に対して、井筒は結局最後まで、自分とこの「おば」がどのような関係にあるのかはっきりとは語らなかったという。そのなかで唯一例外的に、井筒が、自分の家族について語っていたのが、慶應義塾大学の先輩であり後に同僚ともなった、スコラ哲学を専門とする松本正夫である。松本の父、戦前、満鉄副総裁や法務局長官、商工大臣を歴任した松本烝治の働きかけにより、招集された井筒がつかなければならなかった任務も、兵役から事務作業に変えてもらえたという。同志にして恩人である。その松本にさえ、井筒は「母」については語ったが、結局最後まで「父」についての詳細は語らなかった。

井筒俊彦の家族に関する沈黙は、やや異様ともいえる。最新版の『井筒俊彦全集』に付された、若松英輔の手になる年譜には、井筒の「父」について、こうある。

信太郎は新潟の出身、米問屋の次男。禅に親しみ、碁と書をよくし、夏目漱石を愛読した。信太郎は息子に、幼い頃から『無門関』、『臨済録』、『碧巌録』といった禅籍や『論語』などの素読と独自の瞑想、内観法を教えた。

井筒の「父」こそが、臨済の伝統を独自に消化吸収した上で、それを息子に託したのである。息子はその教えに従い、一家の墓を雲頂菴にもうけた。公《おおやけ》に明らかにされている「父」の生涯の軌跡は、ただこの記述しかない。しかし、一見すると平穏に見えるその生涯の内実がきわめて波乱に富んだもの、陰影に富んだものであったことは、井筒自身が生涯でただ一度だけ、正面から「父」について語った『神秘哲学――ギリシアの部』（一九四九年）、その第二部に付された「序文」からも明らかである。なお、この『神秘哲学』は井筒が自ら認める思想の「原点」であるとともに、刊行当時身体の調子を崩していた井筒にとって、ひょっとしたら最後の書物になるかもしれないものだった。井筒はこの一冊に、その生涯を賭けていた。だから、「父」のことが語られたのだ。そしてまた、井筒はこの『神秘哲学』が再刊される際（一九七八年）、その「父」に関する記述から、最も生々しい箇所を削り取ってしまう（全集では初版のものが復元され、以下の引用もそれに従う）。「元来、私は東洋的無とでもいうべき雰囲気の極めて濃厚な家に生れ育った」から続く長文の一節をそのまま引くことは控えるが（関心のある方はぜひ全文を味読していただきたい、井筒が父から学んだ独自の「内観法」の詳細も記されている）、そこには「父」について、次のように書かれていた。

今にして思えば私の亡父は非常に複雑な矛盾した性格の人物であり、彼の生活の静けさは奥ふかく不気味な暗黒の擾乱をかくした見せかけの静けさにすぎなかったのである。「マドンナの理想を抱きながらソドムの深淵に没溺して行く」という言葉があるが、私の父はまさしくそのような霊魂の戦慄すべき分裂を底の底まで知りつくした不幸な、憑かれた人であった。何者か、あらがい難き妖気のごときものに曳かれて暗澹たる汚辱の淵に一歩一歩陥ちこんで行きながら、而も同時にそれとは全く矛盾する絶対澄浄の光明を彼は渇望してやまなかった。いや、人間存在に纏わる罪の深さと、その身の毛もよだつ恐怖とを誰にもまして痛切に感ずればこそ、此の世には絶えて見出し得ぬ晴朗無染の境地をあれほどまでに烈々たる求道精神を以って尋求していたのであろう。（『井筒俊彦全集』第二巻、二三五頁）

「マドンナの理想を……」という言葉は、ドストエフスキーの『カラマーゾフの兄弟』からとられたものである。厳しい求道者であった父は、その裏面にフョードル・カラマーゾフのような相貌を秘めていた、というのであろうか。それにしても、「汚辱」や「罪」という言葉を用いて「父」のことを語る、あるいは語らざるを得ないというのは、どう考えても、やはり異様である（これらの言葉は初版の「序文」にしかない）。井筒の父が資産家であったことは間違いない。と同時に、それが精神的なものであったのか具体的なものであったのかまでは分からないが、なんらかの「罪」を背負わざるを得ない人生を送ったこともまた確かであろう（井筒の父が犯したであろう「罪」についても情報は得られたのであるが、それを裏付ける確証をまったく見出すことができず、それゆえ、これ以上は記せない）。ここに取り上げた部分を含む長い一節を、井筒は、こう閉じている（以下の記述も初版の「序文」にしかない）。

果して父の観照的生の修業がその極限に達したかに見えたとき、却ってそれは彼にとって生への完き絶望、すなわち死を意味した。観照的生の完成こそ生命そのものの完成を意味する筈であったのに。（同上、二三五頁）

この謎めいた一文で井筒が正確に何を伝えたかったのか（それは父の死の真相だったのであろうか）、その真意までは分からない。ただ井筒の「父」が、清らかな求道者であることと汚れた罪人であることを両立してしまえるような奇怪なパーソナリティを持っていたことだけは分かる。そのような「父」が見初めた井筒の「母」は芸者であった。少なくとも、井筒俊彦は松本正夫にそう伝えていた。そして、井筒のそうした証言を、間接的に認めてくれているのが、俊彦の妻となった豊子が、生涯でただ一冊だけまとめ上げることができた小説集、『白磁盒子《ごうし》』である（当時は井筒眞穂の名前が用いられ、初版は小壺天書房より一九五九年に刊行、のちに本名に戻され、中公文庫より一九九三年に再刊、以下、参照と引用は中公文庫版より）。

井筒豊子は小説家を目指し、井筒俊彦もそれを全面的にバックアップしていた。『白磁盒子』は、表題作である「白磁盒子」の他、「バフルンヌール物語」「江戸小紋」「桃源」「アディオス」「ハサン・シーラージー」「睡蓮」の合計七篇からなる。このうち、「桃源」と「睡蓮」の二篇は、明らかに豊子が生まれ育った巨大な古墳群のある大阪の河内を舞台として、柳田國男や折口信夫の著作からヒントを得たであろう民俗学的な奇譚を現代の小説として昇華させたものである（民俗学の可能性が再発見される以前のものであり、先駆的な実験性を持っている）。他の五篇は、いずれも、直接的かつ間接的に井筒俊彦という特異な個性を持った夫およびその周辺をモデルとしている。井筒豊子にとって、自身が紡ぎ上げていくフィクションの最大の主題となったものこそが、井筒俊彦その人であった。もちろん、そこ、作品のなかに描き出されているものは、当然のことながら、すべてフィクションとして再構築されたものばかりである。俊彦もそれらすべてに目を通していたことは確実である（アドヴァイスも与えていたはずだ）。私自身も、豊子の残した作品世界に井筒俊彦とその家族をめぐる真実のすべてが赤裸々に描き出されていると主張したいわけではない。しかしながら、妻の目から鋭くえぐり出された夫の持つある種のリアル、夫の家族の持つある種のリアルが描き出されていることもまた間違いない。そう思われる。

俊彦の「母」、豊子から見れば「姑母」（原文の通り引用する）が物語の一つの中心を占めるのは「江戸小紋」である（以下、あくまでもフィクションを素材とした考察であることを、あらためて強調しておきたい）。この物語のなかで、息子の俊彦と父の信太郎は一つに重ね合わせられている（『神秘哲学』の「序文」に記された信太郎の内観法がそのまま記されている）。それゆえ、「姑母」には、母にして妻という役割が与えられる。謎めいた雛子と名乗る「侏儒」の「叔母」（「おば」）も登場する。「一種の僧院」のように外に対して閉ざされた家に嫁いできた大館さと（豊子の境遇に重なる）は、「六十歳」で亡くなった「姑母」が残した「反物」を売りに出す——表題作の「白磁盒子」の冒頭でも、祖父の集めた骨董をなじみの道具屋に売り渡す「言語学者」の夫の姿から物語がはじまっている。その「言語学者」の夫婦がひょんなことから手に入れた「白磁盒子」をめぐって、そのもとの持ち主であるベトナム人の青年との因縁譚が紡がれることになる。祖父や祖母あるいは父の残してくれた財産を売り払いながら生活を続けていた夫婦のリアルが刻み込まれているかのようである。結婚した俊彦と豊子が暮らしはじめたのも「祖母の隠居所」であった（前掲、年譜による）。

「江戸小紋」に話を戻す。売りに出された「反物」を買いに訪れたのが、さとの一級上のクラスにいた清子だった。清子に向かって、さとは「姑母」を、こう評する——「姑母は煩悩の人一倍強い人だったのね。無智で、煩悩の化身みたいになって、主人の高い精神生活についていけなかったのね、可哀そうな人だわ」。それに対して、自分は「主人」との間に「精神の子を生む」と。やがて「主人」（繰り返すが、そこには信太郎と俊彦の二人が重ね合わされている）と「姑母」の葛藤、その争いはピークを迎え、そこで「姑母」は事故死なのか安楽死なのか判断がつかない曖昧な死を迎える。その「姑母」の死に顔を見たさとは驚愕する。死人の顔があまりにも若かったことに、とうてい「六十歳の老婆」には見えず、「華奢な骨を薄く蓋っている皮膚は白く、なまめいてさえ見えた」ことに。そうした「姑母」の死に際の姿をあらためて空々しく思い出したさとは清子に向けて、こう叫ぶ――。

「私がそれからどんなに取乱したか、疑って疑って、気が狂いそうだったわ。今でも、他人にはそうだろうけど、この家は疑い出すときりがなかったの、これからも何がとび出してくるかと、本当に気が狂ったみたいになって主人を問いつめたわ、そしたらやっと姑母のこと云ってくれたの、彼女も籍は入ってなかったんだけれど、若い頃、主人がひかせた芸者だったの、雛子はそのときいっしょについて来た女よ」

この発言が本当に事実にもとづいたものなのかまでは分からない。ただ、豊子が小説に描き出した「姑母」の境遇と、俊彦が最も大切に思っていた友人に語った「母」の境遇は完全に合致している。豊子は自らが体験し、自らが感じ取ったリアルを、ある部分までは正確に描き出しているはずである。そのリアリズムは、豊子自身にさえ向けられている。これもその真偽を判断することは難しいが、俊彦と結婚するに至るまでに体験したであろう障害と葛藤をかなりストレートに描いたのではないかと推定される作品も存在する。豊子は、豊子のリアルを、おそらくはフィクションの形ですべて描き尽くしている。一冊の書物のなかに自分の人生の軌跡を封じ込めているのである。

井筒豊子は、『白磁盒子』を世の中に問い、この時点で創作を続けることを諦め、小説家となることを断念する。ただし、書物にまとめられなかった豊子の創作はまだあり、俊彦への憎悪と判別し難い愛情はそこでピークに達する（後述する）。以降、豊子は俊彦の分身のように、あるいは鏡像のように、俊彦とともに世界のあらゆる場所への移動を続ける――その軌跡は、没後に刊行された豊子の著書『井筒俊彦の学問遍路――同行二人半』（慶應義塾大学出版会、二〇一七年）に詳しい。同行する移動の過程で、豊子は、井筒の思想を日本の伝統的な詩歌の美学に応用した――私にはそう読める――英文の論考、英文の著作を書き継いでいく。豊子はフィクションの主題としてばかりではなく、自らの持てる力のすべてを尽くして、井筒俊彦という特異な個性の持つ思想の純粋さを、二人の間の共同作業によって生み落とされた「精神の子」として守り通し、その「精神の子」が自由に発露していくこと、成長していくことを励まし、促していった。二人でありながら一人である。豊子によるこのような不即不離の献身ぶりは、井筒の弟子たちからみれば、井筒俊彦その人に到達することを妨げる「障壁」のように感じられたかもしれない。しかし、そうした「障壁」がなければ、井筒俊彦が井筒俊彦であるための環境を手に入れられたかどうかは疑わしい。「精神の子」は脆く、傷つきやすい。井筒の人嫌いは一つの伝説にさえなっていた。

「無」が支配する家に生まれた井筒俊彦は、自らの存在をもまた、限りなく「無」――言うまでもなく自身の思想的な課題でもあった――へと消滅させていきたいという強い願いを持っていたようにも思われる。生前から、葬儀や告別式は一切必要ないと菩提寺となる雲頂菴の住職に告げていた。通夜の席に駆けつけた住職の前には、そこに参列する近所の住人などはまったくおらず、ごく近しい家族の関係者たちがわずか五名ほどいただけだったという。驚いている住職に向かって、豊子夫人は、静かに、また断固として、こう語りかけたという。井筒はペンを持ったまま亡くなりました。それこそが学者のあるべき姿だと思います。結局のところ井筒のことを誰も真に理解していたとは思えません。だから、これで良いのです、と。それでも二〇人ほどが集まった告別式は、故人が生前愛読していた無数の書物に埋もれた書斎のなかで執り行われた。遺体は故人が生前好きであった花々に囲まれ、棺には故人が生前愛用していたものだけが入れられたという（以上、井筒俊彦の葬儀の様子は、高橋卓志『死にぎわのわがまま』現代書館、一九九六年にも詳しい）。

井筒豊子は、フィクションの世界においても現実の世界においても、自身がその生涯をかけて完成するべき主題とした井筒俊彦の思想、二人の間の「精神の子」を体現した、ほとんどすべての日本語で書かれた著作、ほとんどすべての英語で書かれた著作が『井筒俊彦全集』および『井筒俊彦英文著作翻訳コレクション』（いずれも慶應義塾大学出版会）として一つに集大成されつつあることをあらためて確認するかのようにして、この世を去った。井筒の一族は「無」へと消え去った。ただ、井筒俊彦による巨大な著作群だけが残された。井筒は、そのすべての著作を通して「無」から無限の意味が発生するさまを説いていた。「無」は無限へと転換される。それは抽象的かつ論理的な学問の時空に胚胎された主題であると同時に、具体的かつ歴史的な現実の時空に生み落とされた主題でもあった。

井筒豊子は、『白磁盒子』にまとめられた以外にも、数篇の小説を書き継いでいた（同じく発表は井筒眞穂名義）。文芸誌の『新潮』一九五九年八月号に掲載された「黒いトランス」、同一九六〇年一〇月号に掲載された「アラベスク」、同一九六一年一〇号に掲載された「人みな幻獣《シメール》を負う」である。「アラベスク」は俊彦とともに滞在したレバノン、「人みな幻獣を負う」はエジプトを舞台とし、いずれも自身と俊彦のカップルをモデルとした物語なのであるが、この両篇とも、俊彦には無残な未来が訪れる。そこには愛情というよりは憎悪、正確には、嫉妬と憎悪がみなぎっている。

たとえば、豊子の著書、『井筒俊彦の学問遍歴』には、きわめて牧歌的に描き出されている、レバノンにおける俊彦と、現地の年若き二人の姉妹、ナジラとライラの関係が、「アラベスク」では、こうなる（以下、〔　〕内は引用者による注記であり、新字・新仮名に直した上で引用する）――。

夜、ベッドの中でいつも私〔豊子〕はもだえながら考えた、運命的な出会いという感じでは決してない、ライラはあまりにも志鎌氏〔俊彦〕にふさわしくない、と。志鎌氏は四十二歳、ライラは——二十五歳には充分見えたが——十九歳だった。彼が此処で出会うべきベターハーフというのはむしろ私ではなかったろうか？　そして私はそんなとき、ナジュラの瞳を思い浮かべた。だが志鎌氏には奇遇であればある程、又二人があらゆる点で非常識な組合せであればある程、宿命的な結合に思えるだろうことを知って私はなす術もなく、絶望的になった。

物語の最後、志鎌氏の若き恋人であるライラは、レバノンの名所であるジェイタの洞窟、その鍾乳洞のなかで命を落とし、志鎌氏は精神病院に収容されてしまう。もちろん、これはフィクションである。しかしながら、豊子と俊彦との間に繰り広げられていたであろう心理の綾、その真実のいくばくかを伝えるものでもあるだろう。二人の間には、愛と憎の区別がつかないような感情が行き来していたはずである。それは生涯を通じて変わらなかったのではないかとも思われる。

そのような関係性のなかでも、俊彦は、つねに豊子の創作を全面的に支えていた。俊彦が、豊子に文学のかけがえのない先達として紹介し、師事を命じたのが、当時、瀬戸内晴美〔後の寂聴〕のパートナーであった小田仁二郎である。瀬戸内の証言によれば、俊彦は特に、仁二郎の「触手」を高く評価していたという。「触手」では、ほとんど物語らしい物語が描き出されない。そこには、ただ「私」の鋭すぎる諸感覚だけが抽出されている。たとえば、その冒頭は、こうはじまっていた（以下、一九七九年に深夜叢書社から刊行された『触手』収録のものから引用する）――。

私の、十本の指、その腹、どの指のはらにも、それぞれちがう紋々が、うずをまき、うずの中心に、はらは、ふつくりふくれている。それをみつめている私。うずの線は、みつめていると、うごかないままに、中心にはしり、また中心からながれでてくる。うごかない指のはらで、紋々がうずまきながらながれるのだ。めまいがする。私は掌をふせ、こつそり、おや指のはらと、ほかの指を、すりあわせてみる。うずとうずが、すれあう、かすかな、ほそい線と線とがふれる感覚。この線のふれるかすかなものに、私は、いつのまにか、身をしずめていた。せんさいな、めのくらむ、線の接触。

視覚をはじめとするありとあらゆる身体感覚が一つに混交し、描写はミクロからマクロまで、過去と現在という時間の隔たりを完全に無化してしまうように、自在に往還する。井筒俊彦が文学表現の極として考えていたのは、そのような世界である。井筒が求めた、表現の根源にして、意味の根源でもある。俊彦は、豊子に、そのような世界を文学として定着することを求めた。豊子は、その返答として、自らの文学の主題として俊彦を描き続けた。

「意味」の探究者

人間として、あるいは教師として、井筒俊彦は自分以外の他者たち、あるいは自分を慕ってくれる弟子たちとうまく距離を取ることができなかった。そのコミュニケーションの困難さを冷徹に見抜いていたのもまた井筒豊子である。『白磁盒子』に収められた「ハサン・シーラージー」のなかで、豊子は、「東洋の文学に現れた高度のアニミズム」を研究している国文学者の深田氏——もちろん直接のモデルは俊彦であろうが、そこに浅からぬ因縁を持った折口信夫を重ね合わせているようにも思われる——とその愛弟子で書生として家に下宿させている平田との関係について、こう書き残してくれている。

「時間です」

書生の野太い声が彼を驚かした。書生の平田は俗っぽい男だが、深田氏は彼を必要としていた。親子・家庭・職業、そうした実用的なモラルの枠の中で充足して生きている人達にとって、深田氏の存在ぐらい不必要なものはなかったが、反対に深田氏は常に彼等を必要としていた。最低限、俗っぽい一人の老婆と一人の書生が彼の周囲にいなくては彼は生きては行けなかったろう。それに彼は、誰か愛する対象を、誰でも良い、我慢の出来る程度の人間で、そして彼の一方的な、執拗な好意を、少くとも拒否しないで受入れてくれる人間、しかも男性が必要だった。女を見ると深田氏は身震いが出た。

井筒もまた、自らを慕ってくれる弟子たちのうちから最も優秀な一人の男性を選び、その相手に「一方的な、執拗な好意」を寄せ、自らのもとで生活をさせ、強引であると同時にきわめて繊細な英才教育を施していこうとする。好意を寄せられた弟子たちは、その期待に応えようとして、これもまた優れた成果を上げるのではあるが、それゆえに、やがて超人的な能力を持つ師と人間的にも学問的にも衝突するようになり、師のもとを離れてゆく。離れざるを得なくなる。離反した弟子たちは、しかし誰よりも師の学問の核心を深く理解しており、師が何気なく通り過ぎてしまった地点に立ち止まり、師があえて掘り下げようとしなかった問題を独自の方向に掘り下げていくことを自身の使命とする。そのことによって、師の学問だけを見ていては分からなかった、その学問自体が潜在的に孕んでいた豊穣さを、師とはまったく異なった手段を用い、師とはまったく異なった体系に組織し直してみせてくれる。そのことによってまた、師の学問がそもそものはじまりにおいては一体何を希求するものだったのかを、この上もなく明瞭に示してくれる。

井筒俊彦にとって、そのような不幸にして幸運な関係を結んだ最初の相手が鈴木孝夫であった

（時期的に、豊子が「ハサン・シーラージー」で描いた深田氏の愛弟子、平田の直接のモデルでもあろう）。次いで、黒田壽郎である。幸いなことに両者とも、緊張感を持った師との関係性、互いの人間同士が持った関係性にして互いの学問同士が持った関係性について、この世を去る以前に貴重な証言を残してくれている（坂本勉・松原秀一編『井筒俊彦とイスラーム――回想と書評』慶應義塾大学出版会、二〇一二年）。

鈴木は、思想的にはすべてを「神」の視点から見てしまう井筒、そして語学的にはすべてを「天才」の視点から見てしまう井筒の「残酷さ」についてあますところなく語ってくれている。あの人は、自分を慕ってくる弟子たちのすべてが、自分のように世界を見て、自分のように語学を習得できると思い込んでいるのです。だから井筒に魅せられた人々は、そうした関係性のなかで決して師のように生きられない自分に絶望し、自分を見失い、その結果として、井筒のもとから逃げるようにして去っていってしまう。研究を続けることができなくなってしまう。「死屍累累」です、と。なおかつ、すべてを完璧にこなしてしまう師は、弟子の進むべき将来の方向性さえも、無意識かつ無邪気に支配してしまおうとする。ときには、自分がまったくあずかり知らないところで、自分がまったくあずかり知らないポストが用意されてしまっている。それが私と井筒先生が決裂した原因です。鈴木はそう語っている。

そうした関係性を持った鈴木は、一九五三年頃から一〇年近くに及んだ井筒との共同生活を回顧して、次のような興味深い証言を残してくれている――。

面白いことに、僕が井筒先生と接触したときには、戦争中に蓄積されたヨーロッパ、アメリカでの知的な人文活動を井筒先生が消化される時であって、イスラームの「イ」の字もないですよ。つまり、イスラーム中断期。だから、「先生、もとはイスラームなのに、イスラームはもうやめてしまったんですか？」と聞いたくらい、私と井筒先生が接触しているときは、イスラームは全く関係なかったんですね。

それでは、一体何をしようとしていたのか――「あの頃先生はマラルメとかボードレール、ヴァレリー、それからブランシェールという、あのサンボリストたちの一種の神秘体験というか、彼岸に対する体験ね。それからカトリックのイルミナシオン、つまり照明体験、禅の悟りと似ているような。そういう問題に興味をもたれていた」。鈴木の証言によって明らかになることは、現在においても、誰もが疑いもなく一つに結びつけてしまう井筒俊彦個人の学問的な関心とイスラーム研究の間には一〇年近く――あるいは一〇年以上――にも及ぶ断絶があるということである（同様の事実を生前の鈴木から直接聞いてもいる）。その断絶の間、井筒は何をしていたのか。鈴木がここで述べている「ヨーロッパ、アメリカでの知的な人文活動」というのは言語学、そのなかでも特に意味論の分野において蓄積されてきたさまざまな研究業績のことである。後に鈴木は、井筒の勧めによって、井筒が推し進めようとしていた意味論と同じ方向性を持つエルンスト・ライズィの『意味と構造』をドイツ語から日本語に翻訳し、研究社出版より一九六〇年に出版する（現在は講談社学術文庫より再刊、一九九四年）。『言語と呪術』で井筒はいち早くその書物を参照し、消化吸収していた。

井筒は哲学的な意味論を武器として、文学者たちの神秘体験、宗教者たちの照明体験の根底にあるものを探ろうとしていたのである。その際、井筒は、当時急速に言語学に接近しはじめた文化人類学——井筒にとってはヨーロッパの民族学と日本の民俗学を創造的に総合したものとして捉えられていたはずである——が明らかにしてくれた知見を最大限に活用する。その結果として形になったのが、井筒にとってのはじめての英文著作、『言語と呪術』（一九五六年）であった。この著作で、井筒俊彦が主張したかったことはただ一つ、言語とは呪術であり、呪術とは言語である、ということである。そしてまた井筒が言及する呪術とは、いわば言葉の意味をそのなかから絶えず産出し続けている意味の母胎のようなものである。それゆえ、井筒は、こう宣言するのだ。意味とはまた根源的な呪術でもある、と。

まったく同時期、構造言語学の体系を整備しつつあったロマーン・ヤーコブソンは、失語症者による言語の喪失と、幼児による言語の獲得は鏡像のような関係にあることに気がつく（本書第三章）。失語症の患者は、似た意味を持った言葉を置き換えられなくなってしまうか、一続きの意味を持った言葉を続けられなくなってしまうか、そのどちらかの症状を示す場合が多いのだ。つまり、失語症者は、言葉が意味するものの「類似」の選択、あるいは、言葉が意味するものの「連接」の構築、そのどちらかの機能を病んでしまうのである。逆に言えば、幼児は、言葉が意味するものの「類似」を学び、言葉が意味するものの「連接」を学ぶことによって、言語を語ることができるようになるのである。

それだけではない。人類の原型的な社会、狩猟採集を基盤とした「未開」にして「野蛮」な社会を統べる呪術師たちも、呪術を成り立たせている二つの原理、似たものは似たものに作用する（人形はそれが似せて作られた本体である人間に直接作用する）という「類似」の原理と、部分は全体に作用する（髪や爪はそれを部分として生み出した本体である身体に直接作用する）という「連接」——部分と全体が一つにつながり合っている——の原理にもとづいた呪術の二つの技術を駆使することで、不可視の霊的な力、つまりはそこに「意味」を生み出すような不可視の呪術的な力がいたるところすべてに張りめぐらされているようなその世界を支配しているのだ。さらに、呪術師たちが行っているのとまったく同じような方法を用いて独自の作品を構築しているのが詩人たちである。詩人たちは意味の「類似」に作用する「隠喩」と、意味の「連接」に作用する「換喩」を自在に駆使することで、現実には存在しない虚構の世界、フィクションとしての「意味」の世界を、自律した作品として構築しているのである。

幼児たちは、呪術師たちは、詩人たちは、意味を支配し、意味を活用するための二つの原理、二つの方法にしてその技術を用いて世界そのものを造形していたのである。井筒の『言語と呪術』はヤーコブソンに高く評価され、ロックフェラー財団の助成を得て、井筒が世界へと出て行くための道をひらいた（前掲『井筒俊彦の学問遍路』における井筒豊子の証言による）。井筒が、言語の持つ論理性に対して言語の持つ呪術性として抽出したものは、やはりヤーコブソンからの大きな影響のもとで文化人類学者クロード・レヴィ＝ストロースが導き出してきた「野生の思考」とほぼ等しい。ただし、井筒はレヴィ＝ストロースに先んじて自らの考えをまとめているため、レヴィ＝ストロースの精緻な分析に比してやや単純で図式的な理解にとどまっていることはやむを得ないところであろう。

井筒は、なによりも「意味」の探究者だったのだ。井筒が到達することを願ったそうした意味の根源に触れ、そのことによって世界を成り立たせている意味の体系そのものを根底から覆してしまえるような力を持った者こそが、一神教の伝統にいう「預言者」であった。神の言葉、つまりは意味作用そのものにダイレクトにつながる根源的で聖なる言葉、その「意味」を自らのうちに預かり、その「意味」を今度は自らの言葉を媒体として人々に発することで、そこに新たな意味の体系にもとづいた世界の像を指し示し、それに従わせる者であった（以下、あくまでも井筒の理解にもとづき、それを敷衍した見解であることをあらかじめお断りしておく）。イスラームの預言者ムハンマドは、一神教の伝統のなかで育まれてきた預言者という存在が持つ能力と機能を、遠い神話の時代ではなく現在と地続きの歴史の時代において、極限まで純化した上で解放したのである（以下、井筒の著作のタイトル、井筒の著作からの引用以外は「ムハンマド」を用いる)。根底的な意味の革命がそのまま社会の根底的な革命を引き起こした。そうしたムハンマドによる意味の革命にして社会の革命の痕跡が生々しく、しかも誰にでも確実に参照できるテクストとして残されたものこそが『コーラン』(『クルアーン』)であった。

「意味」の革命から「政治」の革命へ

『言語と呪術』を書き上げた井筒俊彦が、『コーラン』の翻訳(一九五七—五八年)、つまりはその「意味」の解釈に取り組み、『コーラン』が体現する「意味」の革命の分析にあらためて取り組まなければならなかったのは、今度こそ、偶然ではなく必然であった。井筒のイスラーム研究があらためて再開される。それは『言語と呪術』によって方法論が練り上げられた意味論的な分析にもとづいてのものだった。イスラームの預言者ムハンマドは、社会を成り立たせていた「意味」の体系、その焦点を人間的かつ内在的な部族から超人間的かつ超越的な神へと一八〇度転換させてしまったのである。そのことによって部族への忠誠は神への敬虔に、人間的な現世への執着は神的な来世への畏怖へと変わる。その結果、有限の人間的な世界と無限の神的な世界が先鋭的に対立することになった。意味の変換が意味の二項対立を生み出したのである。英文著作、『意味の構造』の初版(一九五九年）と改訂版（一九六六年）の間に挟まれるようにして刊行された『クルアーンにおける神と人間——クルアーンの世界観の意味論』（一九六四年）から『イスラーム神学における信の構造——イーマーンとイスラームの意味論的分析』（一九六五年）へと至る過程である。

そうした井筒の意味論的な研究も、イスラーム内部に生じた「意味」の二項対立、正統と異端、信仰と不信仰という二項対立が極限まで推し進められたところで、大きくその方向を変えていく。聖なるテクストに体現された二項対立的な意味の体系の抽出から、二項対立そのものを生み出す意味の発生に向けて、である。『コーラン』の意味論分析から、イスラーム神秘主義思想、すなわち一神教的な「神秘哲学」を成り立たせている基本構造の探究に力点が移動する。意味の発生は「神秘」の体験にもとづいてしか可能にならないと、思想的にも実践的にも思い至ったからである。「神秘」の根源に到達することこそが「意味」の根源に到達することであったと思い知ったからである。英文著作を代表する『スーフィズムと老荘思想』全二巻（一九六六から六七年）から英文著作『存在の概念と実在性』（一九七一年）、そして日文著作『意識と本質』（一九八三年）以降へと続いていく流れである。

しかし、「意味」の革命とは同時に社会の革命であり「政治」の革命であった。そもそも、その二つを切り離すことは、誰にとっても不可能なことであった。井筒の営為から大きな影響を受けながらも、あえて井筒から距離を置いた者たちは、いずれも井筒が正面からは論じようとしなかった、

「意味」の革命と表裏一体であった「政治」の革命を自身の探究する主題に据えることになった。「意味」とは端的に言って「政治」そのもののことであったからだ。そのことによってまた、そもそも井筒とイスラームの最初の出会い、偶然であったその出会いもまた「政治」によって可能であったことがあらためて確認されるのである。井筒は、イスラーム研究再開以降、預言者の言葉、聖なる神の言葉に胚胎される「意味」にまとわりつく政治性からは、でき得る限り身を引き離しておこうとしていた。しかし、「意味」の発生を問う限り、「政治」の発生からも逃れられないのだ。それこそが、井筒が構築した「意味」の学の宿命であった。

黒田壽郎は、井筒の探究と、自身が目指すべき主題との相違を、こう語ってくれている。

ところでイスラームについての井筒先生と私の立論の違いは、第一にはテンペラメントの相違があります。井筒先生の最終的な関心は、精神的な自己完成にあり、したがってイスラームを説明する場合も最終章が内面への道ということになります。しかし私の場合は、もう少し異なった文化圏の文化的、社会的現実にどこまでも深入りしたいという思いが強いのです。文化、文明というものは、複雑な諸要素の集合体で、その中のすべての要素は全体の翳を帯びている。そのような複合的なものを捉えることによって、初めて文化的なものの真実を捉えることができるのですが、その場合重要な要素をなるべく除外、排除しないことが肝要です。(『井筒俊彦

とイスラーム』六六頁)

黒田は、タウヒード(神の唯一性)、シャリーア(神の法)、ウンマ(神の共同体)の三項が一体となったものとしてイスラームを捉えている。そこでは、宗教と哲学と政治を分けることができないのだ(『イスラームの構造――タウヒード・シャリーア・ウンマ』書肆心水、二〇〇四年)。黒田が導かれたのは、井筒が「意味」の闘争として――「意味」の闘争のみとして――解釈したイスラーム最初の反体制、ハワーリジュ派の運動を、「意味」のみならず現実の政治的な抵抗運動として捉え直したことからだった(『イスラームの反体制――ハワーリジュ派の世界観』未來社、一九九一年)。井筒が「意味」の発生を、黒田がまとめたように「精神的な自己完成」、「内面への道」へと求めていったのは、イスラーム神秘主義思想が花開いたイランの地において、であった。しかし、その根幹をなす、唯一の「存在」から無限に多様な「本質」をもった存在者が生み出されてくるという「存在一性論」こそがイラン革命を推進していく思想的な基盤となったのである。なお、イラン革命と「存在一性論」の関わりについては松本耿郎の『イスラーム政治神学――ワラーヤとウィラーヤ』(未來社、一九九三年)が詳しい――松本氏からはイラン革命と「存在一性論」の関係、さらには中国回教徒と「存在一性論」との関係について直接御教授いただいた。その成果の一部を本書の第四章に収める。「意味」の発生、「意味」の闘争は「政治」の発生、「政治」の闘争と切り離すことができないものだった。そもそも井筒とイスラームの関わりも、「政治」によって、しかも後に国家の存亡を左右する「政治」によって可能となった。井筒にアラビア語の手ほどきをしたのは、戦時期の日本のアジア主義、大東亜共栄圏構想と関わりを持った汎イスラーム運動の政治的かつ思想的な指導者たちであった。そのような関係性の一つの中心に位置づけられる大川周明と井筒は密接な関係を持っていた（本書第四章）。最晩年の井筒は大川との間に結ばれたそうした親密な関係性についてなんら隠すことなく語りはじめた。その大川が残した著作のなかで、学問的に現在でも最も高く評価されている『回教概論』（一九四二年）の大部分は実は自分が書いたものなのだ。井筒は、最も長期にわたってともに仕事を続け、最も深い信頼を寄せていた編集者の合庭惇氏に向けて、何度かそう語ったという。そうした事実は、戦時中（一九四二年）に東亜研究所から井筒が刊行した『東印度に於ける回教法制（概説）』で参照しているオランダの研究者二人の名前とその書物が、そのまま『回教概論』のなか、特に第八章「回教法学の発達」で参照されていることからも裏付けられる（両者の内容もまたきわめて類似したものである）。

井筒俊彦は「政治」の中心にいたのである。本人はなによりも「無」であることを希求しながら……。純粋な「無」から純粋な「意味」が立ち上がる。その「意味」は純粋であることによって社会を根底から破壊し、社会を根底から再構築する力を秘めている。それが井筒俊彦の生涯と思想を貫く主題であった。

新たな近代日本表現史——西脇、折口、井筒

本章を閉じるにあたって、井筒俊彦が「意味」を探究していく際の導きの糸となったであろう二人の先達について述べておきたい。井筒俊彦の思想の起源には、二人の特異な研究者にして表現者が存在していた。それは文字通り、近代日本文学史と近代日本思想史が劇的に交わる地点でもあった。井筒自身の証言を聞こう。一九三四年、希望に胸を躍らせて慶應義塾大学の門をたたいた井筒青年はたちまち大きな失望にとらわれる。大学教授たちの、あまりの学問的レベルの低さに。「平凡で退屈な講義」、そして「洋書講読の時間ともなれば頻発する誤訳、まずい発音」。だがしかし……。「そんななかで、西脇先生だけは私が心から先生と呼びたくなる、呼ばずにはいられない、本当の先生だった。西脇教授の教室には、潑剌たる新鮮さがみなぎっていた。それからもう一人、国文学の折口信夫」（「西脇先生と言語学と私」『全集』第八巻、七〇—七一頁）。

西脇順三郎と折口信夫。英文学者にして「モダニズム」の詩人と、国文学者にして「古代」の歌人。井筒にとっては、西脇の存在こそが自らの将来を決定する最も大きな要因となった（慶應義塾大学という選択、さらには経済学部予科から文学部英吉利文学科への転科、等々）。そして西脇が教える三田には、井筒と同じような想いを抱いていた同志、同級生であった池田彌三郎と加藤守雄の二人と、後

に彼らが師事し、その学を大成することになるもう一人の「怪異なる一人格」（池田彌三郎の表現）をもった知の巨人、折口信夫が存在していた（以上の経緯は、『三田文學』誌上で安岡章太郎を相手として行われた井筒の対談「思想と芸術」のなかに生き生きと描き出されている）。

西脇の「超現実主義詩論」のなかに折口の「古代学」の成果を組み入れること。未来の詩の言葉と古代の詩の言葉を通底させ、そこに文学のみならず人間が持たざるをえない信仰というものが成り立つ普遍的な思考の基盤を見出すこと。認識論にして表現論、さらには宗教原論として考察された詩的言語発生の問題。おそらく井筒俊彦の言語哲学の起源、神聖なる神の言葉を自らの内に預かる者、「預言者」という存在への一貫した関心の起源は、そこにある。

だが、それだけではない。逆に井筒という存在が二人の巨人の間に介在したからこそ、後に西脇と折口が密接な関係を持つことを容易にしたとも言えるのだ。「三田の構内で西脇と折口が語り合っている姿を多くの人が目撃している」、とは新倉俊一による画期的な『評伝 西脇順三郎』（慶應義塾大学出版会、二〇〇四年）のなかに描き出された光景である。なお、この評伝には、晩年の西脇が取り組んだ漢語とギリシア語の比較検討の問題、両者の類似と「漢語」の起源に対する西脇の研究への井筒の興味深い対応もまた、直接の証言として残されている。「私の知るかぎりで、西脇の漢語研究に本当の興味を示したのは、井筒俊彦ただひとりだった」。新倉はそう記し、さらに西脇による漢語とギリシア語比較研究に触れた際の、井筒の言葉を紹介する。「それはいかにも西脇先生らしくて面白い。漢語の起源はまだ誰にもわからないのですから」、と。

西脇と折口の関係の内実を知るために、今度は西脇自身の発言に注目してみたい。自らの教え子でもあり折口の弟子ともなった山本健吉からの問いかけ、慶應の同僚として折口との思想的な交流はあったのか、これまで折口の著作を読んでいたのか、等々に答えて、西脇はこう述べている。

「私はその当時あまり読みませんでしたが、もちろんときどきは読みました。だけれども、ある学生がいて、折口先生がこういうことを言っているよと言うんですよ。だから学生を通じて話を聞きました。折口さんの講義に出たこともなし、本もあまり読まなかったんですけど、しかし『古代』何とかという著作があるでしょう。……ああ、『古代研究』。あの中に出ているようなことも、だいぶ話は学生から聞きましたよ」（『詩のこころ』、前掲『評伝　西脇順三郎』中の引用より）。西脇に、折口の『古代研究』のエッセンスを伝えたこの「ある学生」こそ、井筒俊彦その人なのである。

西脇、折口、井筒。知の巨星たちはまさに奇蹟的で運命的な邂逅を遂げていた。

偶然の出会いは必然となる。近代の日本列島においてこれ以上の巡り合わせは他に考えることができない。そして西脇の超現実は折口の古代と融合することによって、未曾有の表現の地平を切り開いていった。つまり、井筒を介して折口学とのこのような出会いがなければ、昭和二三年（一九四八）に博士学位請求論文として提出され、折口が副査をつとめた西脇の『古代文学序説』は現在とはかなり異なったものとなっていたであろうし、昭和一〇年代にまでさかのぼるこの論文執筆の過程で見出された「幻影の人」を中心に据えた西脇の戦後を代表する詩集『旅人かへらず』(東京出版、一九四七年)はひょっとしたら今ある形では成立していなかったかもしれない。もちろんそこには折口ばかりではなく柳田國男の大きな存在も考慮しなくてはならないのだが……。『古代文学序説』の「序論」と「結語」に姿を現し、『旅人かへらず』の通奏低音ともなっている「幻影の人」という理念(この「幻影の人」が西脇のテクストへ登場するのと同時期に、折口もまた自らの表現の新たな次元を開いた詩集『古代感愛集』を刊行している)、その内実について西脇は『旅人かへらず』の「幻影の人と女」という印象的な副題が付された「はしがき」のなかでこう述べている(以下、引用以外の部分は『古代文学序説』での言及もあわせて要約しているので、西脇の記述そのままではない)。自分のなかには相反する二つのタイプの人間が、つまり二つのタイプの世界が、存在している。近代人と古代人、理知の世界と自然の世界、論理(知性)と情念(感性)である。しかし、さらに自分のなかにはもう一つ、より深い次元で、この相矛盾する二つの要素を一つに総合する、決して滅び去ることのないような原型的な存在がある。それが「幻影の人」と名付けられるものなのである。

ところが自分の中にもう一人の人間がひそむ。これは生命の神秘、宇宙永劫の神秘に属するものか、通常の理知や情念では解決出来ない割り切れない人間がいる。／これを自分は「幻影の人」と呼びまた永劫の旅人とも考える。／この「幻影の人」は自分の或る瞬間に来てまた去って行く。この人間は「原始人」以前の人間の奇蹟的に残っている追憶であろう。永劫の世界により近い人間の思い出であらう。

西脇にとって「幻影の人」とは永遠の記憶に属し、通常では相容れることのない二つの世界、地上と天上を、さらには現実と超現実を、文学と民俗学を、無限の相のもとで一つにつなぎ合わせるのである。詩人である西脇にとって、自らの内なる「幻影の人」は男と女という対立を無効にし、単なる男だけの不完全な性を乗り超え、生命に直結する女と融合し、完全なる性を持った神秘的な詩の詠《うた》い手となるための導きとなった。

そして研究者である西脇にとっても、この「幻影の人」という理念によって、上古ゲルマンの武勇の倫理と中世キリスト教の愛の倫理は相矛盾しながらも一つに接合され、その蝶番となる部分にヨーロッパの「古代文学」全体を通底する不滅の人間類型を見出すことが可能となったのである。「幻影の人」によってはじめてゲルマンの荒ぶる英雄とキリストの愛を希求する聖者が重ね合わせられるのだ。文学とはこのような原型的な存在の消息を、「象徴」を通して現在にまで伝えるものとしてある。すなわち、「幻影の人」とは、まずなによりも原始的な人間の一つのタイプであり、最古の人間の姿である。しかしそれは個別の人格というよりは「永遠に人間の中にかくれて残る神秘である」。「生命の根元とも真の人間の姿とも、土の幻影とも考えられる」。このような超自然的な生命の幻影は、「何かの象徴によってのみ感じられるもの」としてあり、その象徴から文学が生まれ、またその象徴こそが文学となるのである（以下の引用も含めて『古代文学序説』の「序論」より）。

　この人間生命の神秘は屡々偉大な文学に象徴されている。文学が偉大であるためには、その文学にそうした生命の神秘の象徴が現われていることが必要である。キリスト教の聖書は文学としてみれば偉大な文学の一つである。偉大な人間の物語である。キリスト教の教理としてのキリスト教的人生観以外に、キリストの背景に「幻影の人」が象徴されている。永久の人間の形が象徴されている。／また『ベーオウルフ』の背景にも、『農夫ピエルス』の背面にもアーサー王の背面にも「幻影の人」が象徴されている。／恐らくシェイクスピアの世界にも……

　つまり「幻影の人」とは西脇自身の表現原理であると同時に、西脇にとってヨーロッパ文学の歴史そのものを成り立たせる表現の基盤となるようなものだった。それはまた文学の起源を探る「人類学（anthropologie）」の一つの方法でもあった（西脇自身の言葉、『古代文学序説』の「結語」より）。そういった意味で、列島の文学の起源、「国文学の発生」の地点に折口が見出し、自らもそのように生きた「まれびと」（戴冠する言葉《ミコトモチ》の王であり放浪する乞食芸能者《ホカヒビト》でもあるもの）と、西脇の「幻影の人」はほぼ等しい存在であったといえる。「まれびと」とは、異界にして他界である海の彼方より時を定めてこの地上を訪れ、時間と空間をいったんゼロへと消滅させ、またゼロから生み直す、神にして人である。なによりも祝祭を可能にするものである。地上と天上、内と外、王と吟遊詩人、権力と反権力、悲劇と喜劇、笑いと憂愁、さらには古代ヨーロッパ文学と古代日本文学、それら相反する二つの項は、「幻影の人」と「まれびと」によって一つに結び合わされる。そしてそこから神聖なる詩の言葉、超現実的なる表現の言語が生み出されてくるのである。井筒が一神教の起源に見出し、生涯その存在にこだわり続けた「預言者」が孕んでいる性格もまた、西脇の「幻影の人」、そして折口の「まれびと」と異なったものではない。それは個を超えた、類としてある表現者の原型なのである。

井筒俊彦は、自らの特異な言語学的探究の最初の導き手となった西脇との出会いとその詩論にして言語学論の特徴についてこう述べている（「西脇先生と言語学と私」）。

> 西脇順三郎という名前には、実は私は、大学予科に入る以前から親しみがあった。当時、前衛文学理論の牙城だった『詩と詩論』を、私は愛読していたのだ。勿論、大半はおぼろげにしか理解できなかったけれど、それはそれなりに魅惑的だった。わけても西脇順三郎のシュルレアリスム的詩論が、私を妙に惹きつけた。「純粋詩《ポエジー・ピュール》」などという、その頃としては斬新な感覚にみちた用語を初めて習い覚えた。（『全集』第八巻、七一頁）

西脇の講義する言語学は、自らのシュルレアリスム的詩論、なによりも『超現実主義詩論』に集約された、言葉が持つ二重の側面、現実（自然）と超現実（超自然）の相克と、超現実による現実の乗り越え、つまり超現実が現実を破壊する瞬間に「ポエジィ」（ポエジイ）が生まれるという理論にもとづき、それを発展させたものとしてあったようだ。西脇は詩的言語のみならず言語全体を二重の機能を持ったものとしてとらえる。言語の持つ一つの機能は「知性的機能」である。この機能によって人間は言葉を概念化し、そのことによって世界を秩序づける。しかし、言葉にはそれとはまったく異なった、それとは相反するような、もう一つの機能が存在している。それが言語の持つ「感性的機能」である。

この言語の「感性的機能」によって、人間は自らの内に、一つの概念には収まりきらない、あるいは概念化を拒みそれを超え出るような、さまざまな心象、すなわちさまざまなイマージュを同時に喚起する多極多層構造をなす意味の核のようなものを持つことができる。西脇が重視していたのはいうまでもなく言語の「感性的機能」であり、それは自らの詩論の中心に位置づけた言語の超現実的な側面の探究と重ね合わせることが可能な理念だった。井筒は続ける。「詩人、西脇順三郎は、コトバのこの心象喚起機能の理論に、シュルレアリストとしてのご自分の内的幻想風景の根拠付けの可能性を見ておられるようだった」、と。そして西脇のこのような講義にして実践を前にし、深い感銘を受けた井筒は「言語学こそ、わが行くべき道、と思い定めるに至った」のである。

西脇は言語の「感性的機能」を意識的に働かせることによって超現実に至ろうとする。だからこそポエジイは日常の経験が破られたところから発生してくるのである。自我（主観）は破壊され、そこから客観的な意志がほとばしり出る。そのためには、通常では決して結びつくことのない、「永遠に調和せざるもの」、「聯想の最も遠い経験」同士を結びつけなければならないのだ。そのとき、詩の言葉の意味は一つに固定されず、瞬間的に、また必然的に「曖昧」なものとなる、あたかもマラルメの作品群のように……。井筒が震撼させられた『超現実主義詩論』の要点をまとめれば以上のようになるであろう。そして西脇が詩的言語を論じるのときわめて類似した視点から、しかも西脇とほとんど同じような語彙を用いて、西脇以前に、やはり詩的言語を論じていた人物が存在する。

折口信夫である。折口の大学卒業論文である『言語情調論』もまた、言語が持つ二つの側面を論じたものであった。言語の直接性と間接性である。そして折口も西脇と同様、その若書きではあるが、きわめて未来的な論考のなかで、言語の直接性（超現実的側面、言語の表現的な「感性的機能」）によって間接性（現実的側面、言語の交換的な「知性的機能」）が打ち破られた際に、ポエジイが生まれ出ることを確信していた。折口によれば、直接性の言語とは、「包括的↓仮絶対↓曖昧↓無意識↓暗示的↓象徴的」といった一連の内容を持った感性的（「情調」を周囲に発散させる）言語であったのだ。

包括的で、なおかつ曖昧で音楽的な言語。マラルメや西脇が夢見た完全言語への夢想と通底する。それは詩の言葉であり、なおかつ神の言葉（「神仏の示現」もしくは「神仏の宣託」）に近いものであった。『言語情調論』のなかに見られる折口自身の表現――「宣託の言語は自然に象徴言語となっている」。西脇もまた『超現実主義詩論』のなかでこう述べている。超現実とは、自我を超え出た客観的意志がそれ自身を表現の対象に置くことであり、「客観の意志」とは「人間の意志が主観の世界（即ち現実）を破り完全になろうとする力」である、だからこそ、その力は「神の形態をとる様なもの」となるのだ、と。両者がまったく同じ事態をその眼にしていることがわかるであろう。この神の言葉、すなわち超現実の、さらには直接性の言語が発生してくる場所に、西脇は前人未到の詩的世界を創り上げ、折口は共同社会の発生と文学の発生が重なり合う様を幻視した。井筒のイスラーム学、その根本をなす「預言者」の理解はそこからはじまるのである。

まずは折口が自らの「古代学」の起源、「国文学」の発生に据えたヴィジョン。

> 一人称式に発想する叙事詩は、神の独り言である。神、人に憑《かか》って、自身の来歴を述べ、種族の歴史・土地の由緒などを陳《の》べる。みな巫覡《ふげき》の恍惚時の空想には過ぎない。しかし、種族の意向の上に立っての空想である。しかも種族の記憶の下積みが、突然復活することもあったことは、もちろんである。／それらの「本縁」を語る文章は、もちろん巫覡の口を衝《つ》いて出る口

語文である。そうしてその口は十分な律文要素が加《くわわ》っていた。ぜんたい、狂乱時・変態時の真理の表現は、左右相称を保ちながら進む、生活の根本拍子が急迫するからの、律動なのである。神憑りの際の動作を、正気でいてもくり返すところから、舞踏は生れてくる。この際、神の物語る話は、日常の語《ことば》とは、様子の変ったものである。神自身から見た一元描写であるから、不自然でも不完全でもあるが、とにかく発想は一人称に依るようになる。(「国文学の発生」第一稿、引用は中公クラシックス版)

折口が文学発生の起源として見出したこの憑依の時空を、井筒は同じようにイスラームの起源、純粋一神教の発生に幻視する(本書第二章)。井筒は預言者ムハンマドに天上の超越神、唯一神アッラーから下されたメッカ期、すなわち初期の啓示を、なによりも「砂漠のシャーマニズム」から生まれた特異なイマージュ(響きにして形象)として捉え直すのである。「天地終末の日の情景、終末の感覚、復活の感覚、最後の審判の光景、地獄・天国の有様、そういうものはレアリスムとは程遠い。みんなシャーマン的意識の喚起する根源的イマージュの所産です」、と(『コーランを読む』『全集』第七巻、四六六頁)。これはまさに西脇の言う超現実的でなおかつ感性(感覚)に直結する詩的言語の体験そのものでもある。

井筒にとってイスラームの始祖ムハンマド(マホメット)も、その起源においては、折口が幻視したような憑依の時空から生み落とされたシャマン（巫覡）の一人だった。だから、砂漠の民に向かってムハンマドが語る言葉もまた、絶対的な他者（神）に向かって身心が解放された巫者の口から洩れる、憑依の言葉そのものだったのである。その言葉は「散文と詩の中間のようなもの」となり、そこでは「著しく調べの高い語句の大小が打ち寄せる大波小波のようにたたみかけ、それを繰り返し繰り返し同じ響きの脚韻で区切って行くと、言葉の流れには異常な緊張が漲《みなぎ》って、これはもう言葉そのものが一種の陶酔」となったような世界が展開されていった。そして最後には「語る人も聴く人も、共に妖しい恍惚状態にひきずり込まれ」てしまう（井筒による岩波文庫版『コーラン』［上］の解説より）。

だからこそ井筒は生前、刊行前に自ら目を通すことができた最後の著作、『超越の言葉』の冒頭を次のようにはじめ、その思想をこう総括するのだ。「神が語り、イスラームが始まる。神のコトバ、イスラームの全てがそこから始まる」。ここで井筒が使っているイスラームという単語を「詩と文学」（国文学にして英文学）と変えれば折口信夫と西脇順三郎の営為が過不足なく浮かび上がってくるだろう。近代日本において真に創造的な表現行為はすべてこの同一の地点からはじまっていたのである。

これまで井筒俊彦を論じ続けながら、その生涯と思想の核心になかなかたどり着けないというもどかしさを感じ続けていた。私自身と井筒俊彦との距離を測り直すために、この一書をまとめるにあたって、生前の井筒と直接の関係を持たれた方々からまずお話をお聞きしようと考えた。慶應義塾大学出版会で井筒関係の著作の編集を手がけておられる片原良子さんにお願いし、合庭惇さん、松本耿郎さん、雲頂菴の住職である殿谷一成さんから、いずれも貴重なお話を、長時間にわたってうかがうことが可能となった。本章は、それらを基盤として成り立ったものである。しかしながら、一部、井筒家のプライバシーに深く入り込むところもあり、ご迷惑をかけることを恐れ、直接どの方から何のお話をうかがったのかを、今後、井筒研究の焦点となるであろう大川周明との関係を除き、あえて明記せずにまとめている。貴重なお話をうかがった上で失礼を重ねてしまったことを、ここで深くお詫び申し上げたい。

また本章に取りかかる直前、慶應義塾大学言語文化研究所の教授である野元晋さんのご尽力により、慶應義塾大学三田メディアセンターに所蔵されている井筒俊彦文庫の調査が可能となった。わずかな時間で、井筒の所蔵していた『大乗起信論』関係の書物を中心に、そのごく一部を調べることしかかなわなかったが、何冊かの書物には、井筒の手になる書き込みがびっしりと残されていた。井筒俊彦に関する本格的な研究は、これから始まるのであろうとの想いを新たにしている。井筒は語学の「天才」と言われているが、さまざまな言語について、無数に残されている初等文法の書物もそれぞれ丁寧に読み込まれていることも確認できた。言語について超人的な能力を持つ人ではなく、超人的な努力をたゆまず続けた人だったのである。

最後に今後の課題についても触れておきたい。戦後、井筒の『神秘哲学』を刊行した上田光雄は、その書物を新たな教育機関、ロゴス自由大学の教科書として用い、また自身が創設した新たな宗教教団、「哲学道教団・神秘道」に集った修道者たちが依拠する経典としても考えていたようである。後に、その教団は聖天信仰を基盤とした「神秘道不思議教団」として組織し直される。上田は、オカルティックで実践的な宗教と哲学さらには科学に一つの総合を与えようとしていたようである（以上は吉永進一氏の調査による）。その姿は、ヘレナ・ペトロヴナ・ブラヴァツキーに端を発する「神智学」、そこから分かれ出でたルドルフ・シュタイナーの「人智学」への共感を隠そうとしなかった大川周明、戦中の井筒と密接な関係を持ったあの大川周明とも重なり合う。ただし、井筒が書き残したもののなかには、そうした運動から影響を受けた痕跡は一切見出すことはできない。宗教と政治、オカルトと哲学という危険な交錯と井筒がどのような関係を持っていたのか。おそらく、その問題は、井筒の『神秘哲学』を読み込み、自身の遺作として位置づけた大著、「豊饒の海」四部作の第三巻『暁の寺』の後半部に換骨奪胎して用いた三島由紀夫を介して、現代にまでその影を及ぼしている日本における「新霊性運動」に、これまでとは異なった解明の光を与えてくれるはずである。

第二章　ディオニュソス的人間の肖像

哲学の発生

『コーラン』全篇をはじめてアラビア語から日本語に移し替えることができた、卓越した言語哲学者。多くの人にはそう知られているであろう井筒俊彦とは、本当は一体何者だったのか。井筒が最初に立った場所と最後に立った場所を提示するだけでも、その思い込みは跡形もなく崩れ去るはずだ。

井筒俊彦が最初に立った場所。井筒自身が「私の無垢なる原点」と記す、一九四九年に刊行された巨大な書物、『神秘哲学――ギリシアの部』のはじまりには、女たちに憑依して荒れ狂う陶酔の神にして舞踏の神、ディオニュソスが位置づけられていた。井筒は、人間を森羅万象あらゆるもの、すなわち「自然」に融け込ませ——内在させ——あるいはそこから抜け出させる——超越させる——血腥い憑依の体験に哲学の発生、ギリシア哲学の発生を幻視していた。

井筒俊彦が最後に立った場所。この世を去った一九九三年に遺著として刊行された小さな書物『意識の形而上学——『大乗起信論』の哲学』のはじまりには、海のように深く、空のように果てしのない心という母胎に孕まれる如来の種子にして如来の胎児（如来蔵）が位置づけられていた。如来蔵としての心は、「東洋哲学全体に通底する共時論的構造」を把握させるための鍵概念《キー・コンセプト》、東洋哲学に一つの総合を与えるための鍵概念を提示する。井筒にとってイスラーム研究は重要ではあるが、その思索のすべてを覆い尽くすものではない。われわれはいまだ井筒俊彦が何者なのか知らないのだ。その真の相貌を充分には理解していないのだ。

原点となる書物『神秘哲学』から最後の書物『意識の形而上学』へ、ディオニュソスの憑依から如来蔵の胚胎と出産へ、神秘哲学から東洋哲学へ、つまりは哲学の発生から哲学の総合へ。井筒俊彦が残してくれた膨大な業績を一言でまとめるとするならば、そうなるであろう。しかし、これまで日本語を母語とする読者の大部分には、井筒の思想の始まりと終わりしか知られていなかった。なぜ、ギリシア哲学の発生から東洋哲学の総合へと井筒が向かわなければならなかったのか。その答えが秘められた、思想の始まりと終わりをつなぐ思想の円熟期、井筒は英語を用いて著作をまとめていたからだ。

井筒俊彦の全貌を知るためには日本語で書かれた著作と英語で書かれた著作の双方を、読み解いていかなければならない。井筒は英語を用いて世界という普遍に向けて自らの思想を発信し、日本語を用いて極東の列島という個別（固有）に向けて自らの思想を発信した。井筒は自らのうちにグローバルとローカル、普遍と固有という二つの視座を持ち続けた。その在り方は、東洋哲学の総合を志した晩年の井筒が繰り返し言及する「東洋の哲人」、一方の眼では有限の世界である刹那の現実を見続け、もう一方の眼では無限の世界である永遠の超現実を見続ける「双眼の士」の在り方と等しい。

そもそも人間が世界の奥行きを把握するためには、まったく異なった二つの眼差しが焦点を結ぶこと、すなわち一つに交わることが必要であった。そこではじめて世界は立体視される。井筒は生涯にわたって東洋と西洋、固有の日本と普遍の世界、日本語と英語の間をその身をもって生き抜いた。井筒は二つの文化、二つの言語の間に立つことによって――多言語使用者である井筒にとっては無数の文化、無数の言語の間に立ったということがより正確であろう――世界の真実、人間の持つ原型としての姿を浮かび上がらせたのである。それは井筒俊彦という、近代日本が生んだ卓越した個人にしか成し遂げることができなかった。

井筒が日本語であらわした著作のすべてを収めた『井筒俊彦全集』（全十二巻・別巻一）の完結、英語であらわした主要著作のほとんどすべてを邦訳した『井筒俊彦英文著作翻訳コレクション』（全七巻・全八冊）の完結によって、ようやく本格的に井筒思想を読解していくための準備が整ったのである。

井筒俊彦が日本語と英語で刊行した主な著作をまとめてみれば、次のようになる（英文著作のタイトルを太字で示す）。

『アラビア思想史――回教神学と回教哲学』（一九四一年）、増補訂正の上、後に『イスラーム思想史』として再刊（一九七五年）

『神秘哲学』（一九四九年）、第一部「自然神秘主義とギリシア」と第二部「神秘主義のギリシア哲学的展開」の二分冊として一部訂正の上、再刊（一九七八年）

『マホメット』（一九五二年）、増補訂正の上、『イスラーム生誕』（一九七九年）の第一部として収録

『ロシア的人間――近代ロシア文学史』（一九五三年）、後に再刊（一九七八年）

Language and Magic（『言語と呪術』）（一九五六年）

『コーラン』邦訳（一九五七―一九五八年）、後に改訳（一九六四年）

The Structure of the Ethical Terms in the Koran（『『コーラン』における倫理的な術語の構造』）（一九五九年）、後に改訂版（一九六六年）。牧野信也により邦訳され（『意味の構造――コーランにおける宗教道徳概念の分析』）（一九七二年）、さらに井筒自身による改訂を経て中央公論社版著作集に収録（一九九二年）

God and Man in the Koran（『クルアーンにおける神と人間——クルアーンの世界観の意味論』）（一九六四年）

The Concept of Belief in Islamic Theology（『イスラーム神学における信の構造——イーマーンとイスラームの意味論的分析』）（一九六五年）

A Comparative Study of the Key Philosophical Concepts in Sufism and Taoism（『スーフィズムと老荘思想——比較哲学試論』）（一九六六—一九六七年）、後に再刊（一九八三年）

The Structure of Oriental Philosophy（『東洋哲学の構造——エラノス会議講演集』）（一九六七—八二年）、日本オリジナル編集

The Concept and Reality of Existence（『存在の概念と実在性』）（一九七一年）

Toward a Philosophy of Zen Buddhism（『禅仏教の哲学に向けて』）（一九七七年）、後に再刊（一九八二年）、エラノス会議でなされた禅に関する主要な発表がまとめて収録されている

モッラー・サドラー『存在認識の道——存在と本質について』邦訳（一九七八年）

『ルーミー語録』邦訳（一九七八年）

『イスラーム生誕』（一九七九年）

『イスラーム哲学の原像』（一九八〇年）

『イスラーム文化——その根柢にあるもの』（一九八一年）

『意識と本質——精神的東洋を索めて』（一九八三年）

『コーランを読む』（一九八三年）
『意味の深みへ――東洋哲学の水位』（一九八五年）
『コスモスとアンチコスモス――東洋哲学のために』（一九八九年）
『超越のことば――イスラーム・ユダヤ哲学における神と人』（一九九一年）、Ⅲ「存在と意識の深層」として『イスラーム哲学の原像』を収録
『意識の形而上学』（一九九三年）

井筒は、その思想的な探究を本格的にはじめた時期、流麗な日本語を用いて『神秘哲学』で哲学の発生を論じ、『マホメット』で宗教の発生を論じ、『ロシア的人間』で文学の発生を論じた。そのいずれにおいても、発生の起源には憑依が位置づけられている。憑依から哲学、宗教、文学がはじまるのだ。

その後、はじめての英文著作である『言語と呪術』がまとめられ、井筒の探究の中心は『コーラン』を素材とした意味論的な分析が占めるようになる。『コーラン』のアラビア語からの邦訳および改訳も、その成果である。しかし、その独創的な意味論的な分析も『イスラーム神学における信の構造』でいったん終止符が打たれる。井筒は、アラビアのイスラームではなくアジアのイスラーム、シーア派的な伝統のなかで育まれてきた神秘主義思想、スーフィズムの思想的な可能性を発見

するとともに（後述するが、井筒においてスーフィズムへの関心自体はかなり早い）、井筒におけるイスラームの探究は、基本的にはイランのイスラームに焦点が絞られることになる。英語でまとめられた『スーフィズムと老荘思想』の第一部「イブン・アラビー」および『存在の概念と実在性』、日本語に翻訳した『存在認識の道』および『ルーミー語録』、日本語でまとめられた『イスラーム哲学の原像』などほぼすべてがスーフィズムを基盤としたイランの哲学（「存在一性論」）が持つ可能性を追究したものである。

そしてまた、『スーフィズムと老荘思想』の第二部「老子と荘子」および第三部「比較考量」以降、英語で発表される著作と講演の主題となるのが、イランのイスラーム思想と並び、老荘思想、儒教思想、仏教思想（禅と華厳）からなる「東洋哲学」の持つ思想的な可能性の追究である。そのなかでも特に、カール・グスタフ・ユングが参加し、ルドルフ・オットーの命名のもと、オルガ・フレーベ・カプテインによってはじめられたエラノス会議に招かれた初年度（一九六七年）の発表が「老荘思想における絶対的なものと完全な人間」、最終年度（一九八二年）の発表が「天空の飛遊——神話創造と形而上学」と題されていることからも明らかなように、井筒にとってイランのイスラーム、スーフィズムと真に比較可能な思想の体系とは、仏教思想ではなく、老荘思想（タオイズム）であった。

エラノス会議の席上、英語でなされた井筒の発表は、その後、日本語でまとめられた代表作『意識と本質』の基盤となり、『意味の深みへ』や『コスモスとアンチコスモス』においても根幹となる論考として再構成されている。そういった意味で、井筒思想の後期をなす東洋哲学の探究もまた、その基本的な骨格は『スーフィズムと老荘思想』以降、英語で書かれ、発表された著作や講演によって形づくられていったのだ。哲学は憑依からはじまる。憑依は「神秘」、すなわち言葉で表現することが不可能な体験をもたらす。そうした「神秘」の体験をもとにして構築された思想の体系、哲学の神秘性をギリシアからイラン、さらにはインドから中国、そして極東の列島、日本へと探っていくこと。

その起源にはディオニュソスが位置づけられ、その帰結には如来の胎児（如来蔵）が位置づけられる。日本語として見事に表現された起源のディオニュソスと帰結の如来蔵は、英語で書かれたスーフィズムの「無」の神、老荘思想の「無」の道（「無」の母胎）を通して一つに結び合わされる。ディオニュソスの憑依は、「無」である神にして「無」である母という地平を切り拓き、そこに如来としての胎児を孕ませ、産み落とさせたのだ。

起源としての憑依

井筒俊彦の起源の場所である『神秘哲学』。そこには、一体どのような光景が広がっていたのか。

『神秘哲学』が目指していたのは、ギリシアにおける哲学の発生を解明することである。プラトンとアリストテレスという二人の偉大なる師弟によって形づくられたギリシアの哲学。しかし、井筒の『神秘哲学』が破格であるのは、プラトンとアリストテレスばかりでなく、その「以前」と「以降」を、「神秘」の体験——言語化を拒む体験——の起源と帰結として、二人が構築した哲学体系の説明以上に言葉を費やして、論じ尽くしている点にある。

井筒が、プラトンとアリストテレスの帰結として位置づけるのは、アリストテレスを経てプラトンへ還ることを、その光のイデアへ還ることを提唱したプロティノスである。結果として、プロティノス自身によるイデア観照体験にもとづいた光の哲学は、プラトンのイデア論とアリストテレスの自然論を一つに総合するものとなった。それでは、その起源には何があったのか、あるいは何が起こったのか。

井筒は、ギリシアの神秘の哲学、ギリシアの光の哲学の起源に、舞踏の神にして陶酔の神ディオニュソスの憑依を見出したのだ。人間的な自己同一性を粉々に打ち砕いてしまう聖なるものの憑依から、森羅万象あらゆるものを産出する自然そのものを思考し、自然そのものを対象とする哲学が生み落とされたのである。ディオニュソスの憑依と人間的な自我の崩壊をその身をもって生きたニーチェの営為と、そうしたニーチェの体験から、個別の存在者ではなくあらゆる存在者の根源である「存在」の哲学を導き出したハイデガーの営為を一つに総合するかのようにして、井筒はプラトンとアリストテレス「以前」を思考し、「以降」を思考した。そこに井筒俊彦の思想の起源がある。井筒にとって、ハイデガーの哲学は、イランで形になった神を根源的な「存在」と考えるイスラーム神秘主義哲学、「存在一性」の哲学を論じる際に、つねに特権的な比較対象となっていた。

井筒は、生涯を通して三度、そのような自らの思索の起源である『神秘哲学』に還っていった。『神秘哲学』は、まずは一九四九年九月、サブタイトルに「ギリシアの部」と付し、一般の読者に向けて、「光の書房」から販売された。しかし、その内実は、稲垣足穂とも密接な関係を持っていた上田光雄が主宰していた一種の宗教結社である「哲学道教団・神秘道」に付属する修道施設にして教育施設でもあった「哲学修道院ロゴス自由大学」における教材として使われていたと推測されている（若松英輔の労作『井筒俊彦――叡知の哲学』慶應義塾大学出版会、二〇一一年、第一章による）。井筒にとって哲学とは、真理を求め、真理と出会うための一種の宗教的な体験としてはじめて可能になるものだった。

次いで一九七八年一二月、人文書院から第一部「自然神秘主義とギリシア」と第二部「神秘主義のギリシア哲学的展開」の二分冊として刊行された。人文書院版の第一部は、光の書房版の巻末に付録として収められた「ギリシアの自然神秘主義――希臘哲学の誕生」を独立させたものであるが、もそこで論じられている内容は、井筒が慶應義塾大学で行っていた戦前の講義にまでさかのぼり、もともとは『神秘哲学』以前に独自の書物としての刊行が予定されていたものであった。つまり『神秘哲学』は、この時点ではじめて、執筆の順序としても、内容の展開としても、正確な位置づけがなされることになったのだ。『神秘哲学』の第一部では、ソクラテス以前の自然哲学——井筒はそれを断固として「自然神秘主義」と呼ぶ——が論じられ、第二部では、その自然神秘主義が、プラトンとアリストテレスを経てプロティノスによって哲学として一つに総合される様が概観されている。井筒はギリシアの「自然神秘主義」（自然哲学）の起源に、ディオニュソスの荒々しい憑依を位置づけていた。

そして井筒は、中央公論社から自身の著作集を編むという機会が訪れたとき、躊躇することなく『神秘哲学』の第一部と第二部をあわせて第一巻として刊行した。一九九一年一〇月のことであった。井筒は、その後、一年と数ヵ月しか生きることができなかった。編年体の全集でも明らかなように、『神秘哲学』以前に、アラビア語やイスラーム哲学について、さらにはロシア文学について、井筒は優に書物一冊の分量を超える論考を残していた（それらはすべて全集の第一巻『アラビア哲学　一九三五年—一九四八年』に収録されている）。さらには、後に増補訂正の上、『イスラーム思想史』としてまとめ直される『アラビア思想史』という書物も刊行していた。

しかし井筒は、自身の思索のはじまりとして『アラビア思想史』あるいは『アラビア哲学』を選ばず、自らの意志で著作集の第一巻に『神秘哲学』を位置づけたのである。井筒はその巻末に「『著作集』刊行にあたって」という小文を付し、こう記している——「この『神秘哲学』が、学問にかかわる私の主体的態度とその志向性の方向を決定づけたものであり、多分、私の無垢なる原点、とも言えるものであったのかも知れない」、と。井筒にとって憑依とは、哲学、宗教、文学の発生に直結するものであった。そして『神秘哲学』が持つ真の可能性とは、そのような憑依の諸相を正面から描き尽くしたところにあった（なお、『神秘哲学』は全集刊行後、二〇一九年に岩波書店から文庫版が出版されているが、その底本となっているのは光の書房版である）。

憑依は、人間的な表現すべての起源であると同時に、人間を超え出た非人間的かつ超人間的な領域へと至る入り口でもあった。『神秘哲学』の第一部第八章「ディオニュソスの狂乱」のなかで、井筒は、エウリピデスの「神憑の女群」（『バッコスの信女』、『バッカイ――バッコスに憑かれた女たち』）を引いて、ディオニュソスの狂乱、その憑依の有様を、次のように描写している――。

おどろにふり乱した長髪を肩に流した女達――家事を棄て、「聖なる狂気」に陥った若妻、老女、処女達が野鹿の皮を身にまとい、蔦と蔓草を頭に巻き、狂憑の鋭声ものすごく山野を突風のごとく駆けめぐる。頸には蛇がまきからまって彼女らの頬を舐め、腕に抱かれた仔獣が彼女らの乳を吸う。その悽愴な叫喚に催されて、大地は水を噴出し、到るところから酒が流れ乳が湧く。そして彼女らが手に手に打ち振る聖杖からは滴々と蜜がしたたり落ちて、甘い匂いが風に薫る。このもの狂おしい彷徨の途次、附近の山野に草食む牧牛の群に彼女らの眼がとまれば、突風のようにこれに襲いかかって、肉を引き裂き、骨をうち折り、ところ嫌わず彼女らの投げ散らす肉片は生きの身の温気消えやらぬ鮮血に紅く染って木々の枝に懸り、砕き割られた肋骨や蹄や地上に散乱して惨虐酸鼻の極をつくす。(『全集』第二巻、一三〇―一三一頁)

さらに、井筒俊彦は同じ章でディオニュソスの憑依、社会と自然の秩序を根底から覆しかねない「ディオニュソス的危機」が古代のギリシア人にもたらした可能性について、次のように分析していく――。

この祭礼の情景はあまりにも有名であって、もはや子細に描写する必要もないであろう。まことに、それは狂燥の限りを尽くしたものであり、その野性の憑気は想像するだに戦慄を禁じ得ない光景であった。蕭索たる深夜、あやめもわかぬ漆黒の闇の中を、手に手に炎々と燃えさかる炬火をふりかざした女達が、髪をおどろに振りみだし、狂乱の姿ものすごく、異様な叫声を発しながら騒擾の音楽に合わせ、嵐のごとく舞いくるう。彼女らの踏みしめる足音と、夜のしじまをつんざいて飛響する恐ろしい狂憑の叫喚に、山野は鳴動し、木々も不思議な法悦の共感に包まれておののき慄える。かくて信徒の狂乱陶酔はいよいよ激しく、いよいよ凄じく、その熱情の奔流はあらゆるものを異常な緊張の渦中に熔融させなければやまなかった。そしてこの興奮の極、彼らは神に捧げられた犠牲の聖獣めがけて一せいに跳りかかり、生きながらその四肢を引き裂き引きちぎり、鮮血したたる生肉を啖う。ここに忘我荒乱は極限に達し、信徒らは人でありながら人であることをやめ、「自分自身の外に出て」（エクスタシス）神のうちに還滅するのである。（同上、一三五―一三六頁）

祭礼のクライマックスで、ディオニュソスの信徒たちは神に憑かれ、つまり自ら神そのものとなり、神に捧げられた聖なる獣を神そのものとして喰らう。そのとき「神に捧げられた聖獣は神自身と区別されない」。すなわちこの狂乱の祝祭（「生肉啖食の典儀」）を通じて、「神と犠牲獣と人間とは完全に融合帰一する」。換言すれば、「犠牲獣の鮮血滴る生肉を呑下することによって、人はそのまま聖獣と化し、聖獣となることによって神と合一する」。聖なるものの憑依によって神や人や獣といった区別は廃棄され、神と人と獣が、あるいは森羅万象あらゆるものが、一つに混じり合い、一つに融け合う。

憑依の瞬間、森羅万象あらゆるものの差別は解消され「全ては一となり、一が全てとなる」。このような超越的な「全即一」にして「一即全」の体験こそ、太古から甦ってきたディオニュソスが、古代のギリシア人に突きつけた最大の問題であった。憑依が可能とした「神秘」の体験を、いかにして表現にまで、あるいは哲学にまで磨き上げていくのか。ディオニュソスの「危機」を、ディオニュソスの「精神」として鍛え直す。そこから詩と哲学、もしくは密儀宗教と自然哲学を両極としたギリシアの自然神秘主義が生まれたのである。

憑依によって、人間はまず自分自身の「外」へ出てしまうという体験を強いられる。さらに、この「自らの外へ出てしまうこと」すなわち「脱自」(エクスタシス)は、その裏面に、人間的な自我が跡形もなく吹き飛ばされ、まったくなにもなくなってしまったその無(ゼロ)の場所、内なる空虚に、自然を構成するあらゆる神的な要素が満ち溢れてくるという体験をともなう。森羅万象あらゆるものが神的な要素を分かち持つのだ。井筒は、そうした体験を「神充」(エントゥシアスモス)という単語を用いて説明している。憑依による人間精神の変容を「脱自」と「神充」という二つの極から捉える。それが『神秘哲学』第一部「自然神秘主義とギリシア」の結論であり、第二部「神秘主義のギリシア哲学的展開」の前提となり、その条件となるものだった。

井筒はさらに論を進めていく。憑依の持つ二つの側面、「脱自」と「神充」から二つの対照的な霊魂観が生み落とされたのだ(第一部第十章「二つの霊魂観」)。エクスタシスは「霊魂」が不滅であるという体験をもたらし、そこから密儀宗教、自然から超越していく宗教が生まれた。エントゥシアスモスは「霊魂」とは自然と一体のものだ、自然と一つに融け合うものなのだという体験をもたらし、そこから神即自然と考える汎生命的かつ汎神論的な自然哲学、自然に内在する哲学が生まれた。「一」なる永遠の霊魂と、「全」なる自然と融け合う霊魂と。霊魂の超越と、霊魂の内在と。

やがてそこから静寂に充ちた「一」なる超越（自然からの超越）を重視するパルメニデスの思想が生まれ（第一部第十一章「新しき神を求めて——形而上学への道」）、流動的な「全」なる内在（自然への内在）を重視するヘラクレイトスの思想が生まれた（第一部第十二章「輪廻転生から純粋持続へ」）。そうした二つの霊魂観が、それぞれプラトン（「一」なる密儀宗教的方法によるイデア探究）とアリストテレス（「全」なる自然哲学的方法による形相——質料としての物質に内在するイデア——探究）に引き継がれていった。アリストテレスを経てプラトンへ還ることを主張したプロティノスの「光」の哲学とは「一」と「全」、超越と内在、密儀宗教と自然哲学の総合として形になったものなのだ。それが『神秘哲学』全体の結論となった。

血にまみれた闇の憑依神ディオニュソスから「一即全」にして「全即一」の光の哲学者プロティノスへ。井筒にとってディオニュソスの闇とプロティノスの光は表裏一体の関係にあった。そこに井筒俊彦という思想家の起源にして帰結もまた存在する。

光の哲学

井筒俊彦は、『神秘哲学』に据えられた「序文」（光の書房版では巻頭、著作集では第二部の冒頭、両者のテクストには異同がある）を、次のように始めている——。

神秘主義は、プロティノスの言うように、「ただ独りなる神の前に、人間がただ独り」立つことによってはじまる。そして「ただ独りなる神」は人間を無限に超絶するところの遠き神であると同時に、人間にとって彼自身の心の奥処《おくが》よりもさらに内密な近き神である。かぎりなく遠く、しかもかぎりなく近い神、怒りの神と愛の神――神的矛盾の秘儀を構成するこの両極の間に張り渡された恐るべき緊張の上に、いわゆる人間の神秘主義的実存が成立する。故に神秘主義は一つの根源的矛盾体験である。神的矛盾の惨烈な実存緊張が痛ましいまでに意識されないところでは神秘主義なるものはあり得ない。ただ「遠き神」「近き神」のパラドクスが真に或る個人の魂の内的パラドクスとなって意識されるとき、そこにおのずからにして神秘主義的事態が発生して来るのである。（『全集』別巻、一〇二頁）

「神秘」は、人間に対して体験としてしか与えられない。しかもその体験は、根源的な矛盾そのものをあらわにしてしまう。唯一の神は人間に限りなく近く内在するとともに、人間から限りなく遠く超越している。井筒は、ギリシア哲学の発生を論じた著作のなかで神のパラドックスを主題とし、しかもプラトンとアリストテレスという偉大な師弟よりも、「アリストテレスを超えてプラトンへ還る道」を選んだプロティノスの営為について最も言葉を費やして論じている。ギリシア哲学史としては、きわめて異例なことである。

井筒は『神秘哲学』を書き上げたとき、すでに新プラトン主義的な「光」の哲学を消化し吸収することで形を整えたイスラーム神秘主義思想「スーフィズム」について、深い理解を持っていた。井筒は、スーフィーたちの信仰について、こう記している。


宇宙万有を超絶せる創造主として人間から無限に遠き彼方にある神が、同時に愛の神として、人間自らよりもさらに人間に近き神なることこそ、一神教的神観の真髄なのである。すなわち此の神は畏怖すべく恐懼すべき超越の主であると同時に温き慈悲と慈愛の父でもある。絶対的超越性と絶対的内在性、この両者は常識的人間の立場に立つかぎり決して同時に成立することは出来ぬ矛盾であり、両者の結合は一の明かなパラドクスであるが、而も此のパラドクスが成立するところに神の深奥なる秘義が存する。(『全集』第一巻、四一五頁)

プロティノスについて述べられたこととほとんど等しい。

ここに引いた一節は、『神秘哲学』に先立って、やはり同じ光の書房から刊行された『世界哲学講座』第五巻(一九四八年)に井筒が寄せた「アラビア哲学——回教哲学」のなかに見出される。井筒は、すでにこのとき、アジアに展開されたイスラーム神秘主義思想の頂点から「神秘哲学」の発生を見通していたのである。スーフィーたちの「神秘」の体験によって「無限に遠い神が無限に近く」なり、その瞬間、見るものと見られるものは「一」となり、存在するものはただ神だけとなってしまう。そうした見解は、井筒が戦前に発表した「回教に於ける啓示と理性」および「イスラム思想史」（ともに一九四四年）でも論じられていた。さらに、「回教神秘主義哲学者——イブヌ・ル・アラビーの存在論」（一九四三年執筆、一九四四年発表）では、スーフィズムの思想は、ギリシアの新プラトン主義の哲学とともに「印度の神秘主義哲学」に導かれたとさえ、井筒は記していたのだ（以上のイスラーム神秘主義思想を論じた貴重な論考はすべて、全集の第一巻『アラビア哲学』に収録されている）。

戦後の「アラビア哲学」においても、あるいは戦前の「回教に於ける啓示と理性」および「イスラム思想史」においても、さらには「回教神秘主義哲学者——イブヌ・ル・アラビーの存在論」ではイブヌ・ル・アラビー（井筒にとって最大の英文著作『スーフィズムと老荘思想』を成り立たせている一方の柱である）の偉大な先達として「印度の神秘主義哲学」に導かれてスーフィズムを大成した人物として、井筒が特権的にその「体験」を取り上げていたのが、スーフィズムの最初期の大立者、イランに生まれたバーヤジード・バスターミーである。バスターミーの思想とは、インドにおいて確立された梵我一如の思想、不二一元論からの影響によって形を整えたものである、と正面から論じた論考、「TAT TVAM ASI（汝はそれなり）——バーヤジード・バスターミーにおけるペルソナ転換の思想」（一九八九年四月発表）を、死を目前にした最晩年の井筒は、自らの意志で、一九九二年八月に刊行された著作集の第九巻『東洋哲学』の巻末に収めた。

バスターミーは九世紀の後半、西暦八七四年にこの世を去ったという。バスターミーに大きな影響を与えたと推定される梵我一如、真の自我たるアートマン（我）と真の宇宙原理たるブラフマン（梵）の根本的な一致、その「合一」を説いた「インドの神秘主義哲学」の確立者シャンカラは八世紀の前半を生きた。つまりバスターミー、シャンカラは、やはり最晩年の井筒が大きな関心を抱いていた真言密教の大成者である空海、如来蔵思想を「即身成仏」の論理の根柢に据えた空海を間に挟んで連続する世紀（八世紀から九世紀）を生きたのであった。バスターミーは、自己の完全なる消滅の果てに、その「無」（あるいは「空」）となった場所に、神が顕現してくる、と説いていた。「無」の神、あるいは「無」の道との合一を根幹に据えた、井筒東洋哲学の原型の一つである。

バスターミーの「自己消滅」の論理は、シャンカラの「梵我一如」の論理、あるいは空海の「即身成仏」の論理と非常によく似ている。シャンカラの哲学はヒンドゥー的ではなく仏教的であると言われ続けており、空海の哲学もまた仏教的ではなくヒンドゥー的であると言われ続けている。インドのシャンカラとイランのバスターミー、さらには日本列島の空海。井筒俊彦は「神秘哲学」の完成を、八世紀から九世紀にかけて、アジアの各地で形となった、それぞれの教えの限界を超え出てしまうような「東洋哲学」に見出そうとしていた。イランのスーフィズム、インドの不二一元論、列島の真言密教を、一つのパースペクティヴから捉えようとしていた。

そして、そのはじまりには『神秘哲学』が、ギリシア神秘思想の一つの総合であるプロティノスの「光」の哲学が位置づけられていた。しかも同じそのプロティノスの「光」の哲学が、井筒の遺著となった『意識の形而上学』に至るまで、「東洋哲学全体に通底する共時論的構造」を把握するための特権的なテクストとして参照され続けているのである。

とはいえ、『神秘哲学』刊行の段階で、井筒がゴールとして目指していたのは東の極致（「東洋哲学」）ではなく、西の極致（「一神教」）である——「当時の自分の構想としては、これを第一歩として、次にはギリシアとはまったく異質な旧約聖書にヘブライ的神秘主義の根源を探り、この一神教的思潮がギリシアの新プラトン主義とキリスト教において合流し、ついにカルメル会的神秘主義にまで発展して行く過程を辿って見ようなどと考えていたのである」（人文書院版に付された「新版前書き」より。『全集』第五巻、一七一頁）。

『神秘哲学』の段階で、井筒は、プロティノスの哲学の可能性を「東方」（「東洋」）へと展開することは決してしなかった。ただ禁欲的に「ギリシア」の枠内での発展、という観点からのみ論じていた。予定されていた『神秘哲学』続刊の刊行が断念され、極東の列島から自身が直接「外」へと出て行くことで、井筒にとってプロティノスによる「光」の哲学の位置づけが徐々に変わっていったのである。その最大の契機となったのは、一九六七年から井筒が参加することになるエラノス会議でのさまざまな人々との出会いであったはずである。そこに、井筒俊彦による「東洋哲学」の完成が位置づけられる。プロティノスの「光」の哲学は、井筒にとって西方と東方を一つに結びつけ、また互いに分け隔てる分水嶺のような位置を占めている。

それでは井筒にとって、プロティノスの「光」の哲学の核心はどこにあったのか。あまりにも論理的になりすぎてしまったイデアの理解を、「体験」にまで戻すところにあった。ギリシア神話の世界に登場するあまりにも人間的な神々を否定し去ったプラトンがたどり着いた万物の根源にして宇宙の根源たるイデア。プラトンのそうした営為が可能になるためには、人々の間に「脱自」と「神充」（いずれもプラトン自身が用いている単語である）という未曾有の「体験」を引き起こしたディオニュソスによる憑依が必要であった。プラトンはイデアへの道筋を神話（「洞窟の比喩」）として、あるいは論理として整理するだけでなく、愛（エロス）の体験を実際に積むこと、死（タナトス）の体験を実際に積むことこそが必要だと説いていた。愛の極致、死の極致にひらかれる「光の極限」こそがイデアの世界なのだ。

プラトンは、こう述べている（『神秘哲学』第二部第二章「プラトンの神秘哲学」愛の道）――「肉の愛慾のざわめきはそのまま昇華されて、奔騰するイデアの愛慾に変貌する」。「エクスタシス」の果てに、森羅万象あらゆるものを産出する、すなわち霊的な生殖を続ける永遠の存在、光のなかの光となったイデアが顕れ出る（ここに、井筒俊彦の最後の探究、その前にあらわれた如来蔵の前駆的なイメージを重ね合わせてみることも可能であろう）。プラトンの愛の道はその裏面に死の道をともなうものであった。

イデアが輝き渡る永遠の世界に近づくためには、物質的な重みを一つずつ捨て去っていかなければならない。それは肉体的にいったん死ぬことによって精神的に再生するというプロセスを限りなく繰り返していくことでもあった。その度ごとに霊魂はより純粋になり、イデアが輝き渡る永遠の世界に近づいていく。

プロティノスは、プラトンが切り拓いてくれたイデアへの道を実践する。その際、眼の前に徐々にひらかれていく未曾有の光景を、自身の体験として記録しておいてくれた。光のなかの光、人間の言語ではとうてい表現することができないイデアのなかのイデア、プロティノスの言うところの「一者」（「全即一」にして「一即全」である者）が臨在する場所に立ったとき、そこにひらかれたのは、次のような光景であった（『神秘哲学』第二部第四章「プロティノスの神秘哲学」神への思慕）――。

あらゆるものが透明で、それを礙《さまた》げる翳りだにない。一切がことごとく互いに底の底まで透き通って、あたかも光と光と相透徹し合うごとく、各々が皆自己のうちに全体を包蔵し、また互いに他のうちに一切を見る。従って至るところに一切が瀰漫し、全体が全体であり、各個が全体であって、その光明の燦爛たること限りを知らぬ。この世界では各個が巨大である。というのは、ここでは小さいものも大きいのであるから。ここではまた太陽がすべての星であり、個々の星が太陽であり、すべての星が太陽である。そして個々のものが互いに光を反射し合い、全てが皓々と煌いている。また純粋の動もある。それは、互いに他を動かすものがこの動の進展を溷濁させることがないからである。しかしまたそこには静寂ならざる何ものも混入していない故に、それは静であり、しかもいささかたりとも蠢動することない静であるとさえ言える。そしてこの世界の美は、美ならざるもののうちに宿る美ではないから、本当に美しいのである。

（『全集』第二巻、五四三―五四四頁）

プロティノスの前には「純粋透明なる永遠の美と光明の世界」が広がっていた。そこではあらゆるものが透明で光り輝いているがゆえに、一つのもののなかに全てのものが映り込み、全てのもののなかに一つのものが映り込んでいる（「一即全」にして「全即一」）。部分と全体、自己と他者、大と小といったあらゆる対立、あらゆる区分が消滅してしまう。部分は全体であるとともに全体は部分であり、自己は他者であるとともに他者は自己であり、大は小であるとともに小は大である。純粋な運動と純粋な静寂は、さまざまな運動あるいはさまざまな静寂と相矛盾することなく、今ここにある。この世界の美は、美という基準を超えているがゆえに、真の美なのである。

プロティノスは、しばしの間、このような彼方の世界にとどまることができた。しかしやがてまた、もとの世界へと戻らなければならなかった（それが人間としての宿命である）。その際、プロティノスは、またもや驚くべき光景を眼にする。彼方の世界から此方の世界に戻るにつれ、光のなかの光である「一者」からさまざまな光が、つまりは森羅万象あらゆるものが、段階的に流れ出ていっているのだ（「流出」しているのだ）。「一者」は万物の彼方に超越しているとともに万物を産出する原因、万物に内在する原因ともなっていたのである。

プロティノスはそうした「一者」、光のなかの光、イデアのなかのイデアへと近づいていく際には「脱自」の方法、「一」なる霊魂を純化する方法（密儀宗教的なプラトンの方法）をとり、そこから離れていく際には「神充」の方法、「全」なる自然と融け合う方法（自然哲学的なアリストテレスの方法）をとっている。プロティノスによってプラトンとアリストテレスが総合されるというのは、そのような事態を指す。ディオニュソスの憑依によってひらかれた森羅万象あらゆるものが一つに入り混じる野生の世界（哲学の発生）は、プロティノスが体験した光の世界（哲学の完成）として結実するのである。

プロティノスの光の哲学が、一神教を純粋化したイスラームのなかに「神秘」の可能性をひらき、それはまた同時に、あらゆるものの「空」を説いた大乗仏教の極限としてあらわれた華厳の世界観と共振し、交響するのである。

井筒は、憑依がひらく「脱自」と「神充」の地平に哲学の発生を見るだけでなく、意味の発生をも見出そうとしていた。ディオニュソスは意味を産出するのである。人間の言語を可能にするもの、人間の言語の根源にあるもの、井筒はそこに「意味」というものの持つ二重性を据える。英文著作『言語と呪術』で論じる表層的な意味と深層的な意味、「論理《ロジック》」として言明される意味（＝外延）と「呪術《マジック》」として包括される意味（＝内包）、である（本書第三章）。

こうした意味の二重性を持つことによって、人間に宗教が、そして文学が可能になった。つまり井筒にとっては、宗教の発生も文学の発生も、憑依のもとに、ディオニュソスの相貌のもとに生み出されたものであった。『神秘哲学』につづいて井筒が日本語で発表した二冊の書物、『マホメット』と『ロシア的人間』は、それぞれ、預言者という存在を介して宗教の発生が、ロシアに生を享けたプーシキンからチェホフにいたる表現者たちを介して文学の発生が、徹底的に論じられたものだった。井筒にとって宗教も文学も、人間に超越する聖なるもの（すなわち「神」）と人間がそこに内在する母胎としての自然を二つの極として、その間をつなぎ、また分断する、二重の意味を持った言語によって可能となるのである。

『マホメット』刊行以前においても、またそれ以降最晩年にいたるまで、井筒にとって「預言者」という存在に対する関心と興味は持続していく。それに対して、文学を正面から論じた書物は『ロシア的人間』以外には存在しない。それゆえ、まず、『ロシア的人間』について概観した後、井筒が生涯をかけて探究した預言者の問題をはじめて正面から論じた『マホメット』、さらにはそこで提起された問題を理論的に整理した『言語と呪術』、そしてその理論を翻訳という実践によって具体的に昇華した『コーラン』(以下、現在では『クルアーン』という表記が一般的であるが、本章では井筒の表記に従う)の邦訳についてまとめたい。

この三つの試み(日本語による『マホメット』執筆、英語による『言語と呪術』執筆、アラビア語から日本語への『コーラン』翻訳)が交錯する地点から、井筒が英文でまとめた『コーラン』を素材とした意味論的分析の成果である三冊の書物(『意味の構造』『クルアーンにおける神と人間』『イスラーム神学における信の構造』)が生まれ、『スーフィズムと老荘思想』に端を発する「東洋哲学全体に通底する共時論的構造」を把握するという試みがはじまるからである。

『ロシア的人間』の第一章は「永遠のロシア」と題され、ロシア文学の発生の母胎として、まずは、そこに広がる原初的な自然について説かれている――。

ロシア的現象なるものの特徴をなす混沌はことごとく、人間存在の奥底にひそむただ一つの根源から湧き起ってくる。ただし、その根源そのものもまた一つの混沌なのだが。その昔、古代のギリシア人が「カオス」と呼んで怖れたもの、太古の混沌、一切の存在が自己の一番深い奥底に抱いている原初的《エレメンタール》な根源、人間を動物や植物に、大自然そのものに、母なる大地に直接しっかと結び付けている自然の靭帯。西ヨーロッパの文化的知性的人間にあっては無残に圧しつぶされてほとんど死滅し切っているこの原初的自然性を、ロシア人は常にいきいきと保持しているのだ。(『全集』第三巻、二七四頁)

原初の自然の「混沌」。『スーフィズムと老荘思想』以降、これもまた最晩年にいたるまで、やはり井筒は、老荘思想に由来する、森羅万象あらゆるものを産出する根源である「混沌」(「渾沌」)、「無」にして「道」を論じ続けていくであろう。もちろんロシア文学と老荘思想における「混沌」は同じものではない。しかし、井筒にとっては、ともに発生の母胎として通底しているのだ。そのような「混沌」(カオス)から生み落とされる野生の人間、それこそが文学を創り上げていったのである――。

大自然が永遠に原初的で、エレメンタールであるように、ロシア的人間もまた永遠に原初的でエレメンタールである。しかし、およそ真にエレメンタールなものは暗く、陰惨で、怖ろしいものだ。星影もない夜の底知れぬ暗黒は妖しい恐怖と戦慄に充ちている。このようなロシア的人間の性格を我々は仮に「ディオニュソス的」という形容詞で表現してもいいかも知れない。ディオニュソスは怖ろしい幽暗の神である。こういう人間の創り出したものであってみれば、ロシア文学が本質的に暗くて陰鬱であるのも当然ではなかろうか。（同上、二七六―二七七頁）

原初の混沌から生まれたディオニュソス的人間たちこそが文学を担う。井筒は続ける。ディオニュソスはただ単に恐怖を引き起こす、陰鬱なだけの神ではない。

ディオニュソスはたんに怖ろしい幽暗の神であるばかりでなく、また激しい歓喜と忘我恍惚の神でもある。しかし、ディオニュソスの歓喜は血腥い。だからロシア人にあっては、生の明るい喜ばしい側面からどことなく陰鬱で不気味である。涙も凍るようなシベリアの極寒に、荒れすさぶ吹雪の只中でも我を忘れて踊り、歌う、ロシア人特有の生の歓喜は、悪霊に憑かれた人の猛烈な忘我陶酔を憶わせる。（『全集』第三巻、二七八頁）

おそらく、ここで井筒の念頭にあるのはドストエフスキーであろう。事実、この後、第二章「ロシアの十字架」、第三章「モスコウの夜」、第四章「幻影の都」と、ロシア文学成立の条件が論じられていくが、そこでつねに参照されているのがドストエフスキーの諸著作であるからだ。また第五章「プーシキン」から第十四章「チェホフ」までは個別の作家論となるが、井筒自身がロシア精神の「峰の絶頂」とまで評価するのが、第十二章と第十三章で対比的に論じられるトルストイとドストエフスキーである。井筒はこう記している。この二人の偉大な作家はそれぞれ人間を通して「神」を探究した。しかし、その方向は正反対である。トルストイがロシアの自然に内在する「神」を探究したのに対してドストエフスキーは自然を超越する「神」を探究した、と。『ロシア的人間』をまとめる際、井筒の導きの糸となったと推定されるメレシュコフスキー（井筒の表記に従う）は、トルストイを「肉」の預言者、ドストエフスキーを「霊」の預言者とし、両者（霊と肉）の対立と調和からこそロシアの新しい文学がはじまるとした。井筒は、メレシュコフスキーの見解を自身のロシア文学論の核とした。

ロシアのキリスト教、つまり東方のキリスト教においては、西方のキリスト教とは異なり、聖霊を通して人間たちは限りなく「神」に近づいていくことができる（ドストエフスキーもメレシュコフスキーもその点に霊的な革命の可能性を見出している）。神の子であるキリストを範として、同じく聖霊を通して、人間は神となることができる。ドストエフスキーの文学と東方正教会の教えを分けて考えることは難しい。そこでは宗教的な教義と文学的な表現が一つに融け合っているのだ。原初の混沌から生まれたディオニュソス的人間たちは、自らのうちに「神」を孕むことができる。荒涼たるこの地上で唯一「神を懐胎した」民族（ドストエフスキー『悪霊』）であるロシア民族によって表現の秩序のみならず現実の秩序もまた変革されていく。井筒の筆は、明らかにドストエフスキーの筆と共振し、交響している。

聖霊に導かれたディオニュソスたちは、エレメントへと解体された自然のなかで、もう一つ別の世界、この地上では実現不可能と思われた「神の国」を自分たちの手で建設するという夢を見る。しかし、現実に生起した革命とその変質によって、その夢は無残にも潰え去る。井筒にとって、そこで文学は終わる。井筒は二度と文学を論じることはない。その代わりに、井筒が生涯をかけて論じ続けるのは宗教である。神の聖なる言葉からはじまり、その果てに、自らの内で、自らの心を通して、その神と合一することができると確信した人々を生み出した一神教の極限、イスラームとそのアジア的な展開である神秘主義思想、スーフィズムである。

井筒の探究の起源にして帰結、そこには神の聖なる声を聴き、神の聖なる言葉を自らの口を介して発することができた特異な一人の人間、砂漠の預言者たるムハンマドがいた。

砂漠の詩人から砂漠の預言者へ

井筒俊彦のイスラーム研究を貫くもの。それは、預言者という存在である。

もう少し正確に記せば、神と預言者との間に結ばれる関係性、聖なる言葉、現実を超越した神の言葉を介して結ばれる関係性である。神は預言者を選び（「召命」）、その預言者に向けて聖なる言葉を下す（「啓示」）。神と預言者の関係によって成り立った宗教であったがゆえに、あるいは、そうした関係性をより純粋化していった宗教であったがゆえに、井筒にとってイスラームは生涯をかけて取り組む課題となったのだ。

預言者は未来を予言する者ではなく、神の言葉を預かる者である。神、この世界を超越した無限で唯一の存在が、人間、この世界に内在する有限で多様な存在に向けて、聖なる言葉を下し、警告を発する。人間たちのなかから、神によって選ばれた特別な存在が預言者である（ただし、それはキリスト教的な唯一の「神の子」といったものではなく、ごく普通の人間である）。神から預言者に向けて下された聖なる言葉の集成が「聖典」となる。歴史時代に成立した『コーラン』は、預言者以外の夾雑物を交えることがなく、つまりは旧約や新約の聖書のなかに間接的に記録された神話的な神の言葉ではなく、現在の生きた、アクチュアル（現働的）な神の言葉が、預言者を介してそのまま直接に記録された唯一無二の「聖典」だった。

神の聖なる言葉を自らのうちに預かる預言者（マホメットすなわちムハンマド）と、その預言者を介して発せられた神の聖なる言葉の集大成である聖典（『コーラン』）と。両者が重なり合う地点には、現実を乗り越え、現実を根底から覆してしまう神の言語、あるいは神という超現実の存在が語りかける「超越のことば」――井筒が生前最後に刊行した著作に付したタイトルでもある――が位置づけられる。井筒は、生涯を通じて、そうした超現実の言語、「超越のことば」しか探究しようとしなかった。

「超越のことば」とは、また憑依の言葉でもあった。時期的には『マホメット』や『言語と呪術』よりも後の刊行ではあるが、岩波文庫から全三冊という形で出版された『コーラン』の邦訳に付された「解説」（上）のなかで、井筒はそう宣言してくれている。

> 神憑りの言葉。そうだ、『コーラン』は神憑りの状態に入った一人の霊的人間が、恍惚状態において口走った言葉の集大成なのである。だからそこに説かれているのはマホメットの教説ではない。マホメットではなくて、マホメットに憑《の》りうつった何者かの語る言葉なのである。その「何者か」の名をアッラー Allāh という。唯一にして至高なる神の謂いである。
>
> （『全集』第四巻、七〇―七一頁）

ムハンマドを生んだ古代のアラビア砂漠は、森羅万象あらゆるものに霊的な力が宿る呪術的な世界であった（『言語と呪術』の最終章である第十一章「高められた言語」より）。憑依に満ちた時空であった。そこでは詩人たちと戦士たちを区別することができなかった。原初の「詩」そのものである呪術としての言語は、それ自体で天地を揺り動かし、実際の武器よりも強い力を持っていた。古代の社会において、闘いとは、このような呪術としての言語を駆使した精神的なものでもあり、それゆえ、詩人は同時に戦士となる。ムハンマドは、このような砂漠の詩人にして戦士たち、砂漠の呪術師たる「カーヒン」たちの間から生まれ、その力を超越にまで高め、神の預言者となったのである。「カーヒン」たち、呪術的な世界を統べる詩人にして戦士たちは、「サジュウ」体という独特な言い回しとリズムを持った詩的言語を用いて世界に働きかけていた。井筒は、アラビア砂漠の「カーヒン」たち、詩人にして戦士でもある呪術師たちが用いていた「サジュウ」体について詳しく説明してくれている。「カーヒン」たちが用いる「サジュウ」体とは（引用は前掲「解説」より）——。

まず散文と詩の中間のようなもので、長短さまざまの句を一定の詩的律動なしに、次々にたたみかけるように積み重ね、句末の韻だけできりっとしめくくって行く実に珍らしい発想技術である。これがまた、凛冽たる響きに満ちたアラビア語という言葉にぴったりと合うのだ。著しく調べの高い語句の大小が打ち寄せる大波小波のようにたたみかけ、それを繰り返し繰り返し同じ響きの脚韻で区切って行くと、言葉の流れには異常な緊張が漲って、これはもう言葉そのものが一種の陶酔である。語る人も聴く人も、共に妖しい恍惚状態にひきずり込まれるのだ。

（同上、七〇頁）

預言者ムハンマドは、このような環境に生を享け、神の言葉を聞き、その神の言葉を、やはり詩人にして戦士たち、呪術師たる「カーヒン」たちのようにして、「サジュウ」体を用いて語った。しかしながら、ムハンマドは「詩人」と呼ばれることを断固として拒否した。自分が語る言葉は人間的な「詩」ではないのだ。人間が生み落とされたこの世界をはるかに超越し、世界自体を何度も創世しては破壊する力を持った唯一の存在たる「神」から直接下された聖なる言葉、「神」の言葉なのだ。私は詩人ではなく、これまでの人間たちの間に結ばれた内在的で水平的な道徳を断ち切って、神との間に超越的で垂直的な新たな倫理を打ち立てるために神から選ばれ、神から遣わされた者なのだ。ムハンマドは高らかにそう宣言する。その点にこそ、神の聖なる言葉を媒介として、呪術的な内在の原理ではなく、宗教的な超越の原理へと至る、ムハンマドによる変革、意味の変革にして社会の変革を可能にする契機が孕まれていた。

ムハンマドは神から召命され、神から啓示を下されたとき、現実世界には存在しない「異象」を見て、「異音」を聴いたという。啓示の瞬間、人間にとって、単に言語的な変容だけでなく全身体的な変容がもたらされる。井筒は、ムハンマドが体験したヴィジョンを、『マホメット』のなかで、自らムハンマドに成り代わるようにして、語ってくれている。井筒が『神秘哲学』に残したディオニュソスの憑依と双璧をなす、井筒による日本語表現の極致、世界最後の日にあらわれる黙示録的なヴィジョンである――。

世界の時間的秩序が根柢からくつがえされて万物が終末に達する宿命の日は、先ず嚠喨と天地に響き渡る喇叭の音に始まる。耳を聾するばかりの霹靂が天を揺がし、何ものとも知れぬ崩潰と衝撃の凄じい音響が起る。大地は恐ろしい地震に裂けひろがって、地底深く埋蔵されていたものをことごとく吐き出してしまう。天蓋はぐらぐらとよろめき、不気味な亀裂が縦横に走ってついには下から巻き上る。山々は動き互に衝突して轟然たる大音響とともに粉々に飛び散り、諸海洋は互に混流し、太陽は折れ曲り、月は裂け、星々は光もなく地上に雨と降って来る。天は火焔を吹き出して、噴煙濛々と世界を覆ううち墳墓は口を開いて死者はことごとく甦り、審きの場に曳かれて行く。（『全集』第三巻、二二二頁）

ムハンマドは、自らが見て、自らが聴いた世界最後の光景をもとに、一体何をしたのか。部族に向けられていた忠誠を、世界の審判をつかさどる神に向けさせ直したのである。「意味」の問題に即して、より正確に言えばこうなるであろう。部族に向けられていた砂漠の遊牧民たちの道徳の「意味」を、神に向けさせ直したのである。『意味の構造』――『言語と呪術』に次いで英文で書かれた第二の著作、『コーラン』における倫理的な術語の構造』を原型とする――で、井筒は、そうした経緯を、こうまとめている。ムハンマドは、砂漠の遊牧民が持っていた「古い美徳を一神教的信仰のチャンネルに流し込み、これを独特な仕方で発展させたのであった」。その結果、『コーラン』は、「異教の美徳の多くのものを一神教の要求に適合した新しい形で採用し、復活させた」一冊の究極の書物となった。『コーラン』とは、ムハンマドによって現実の世界に打ち立てられた、宇宙の消滅と生成、すなわち宇宙のすべてをそのなかに封じ込めた唯一無二の書物となったのである。

預言者ムハンマドは、砂漠に流通していた言葉の意味をゼロにしてしまったわけではない。意味をゼロにしてしまうことは言語を廃絶してしまうことと等しい。詩人たちの言葉が持つ方向を人間ではなく、神に向け直したのだ。意味の束の向きを一八〇度変え、砂漠の部族社会を統べていた意味の体系を解体し、部族社会を乗り越えていく、世界宗教が持つ意味の体系へと再構築してしまったのだ。『コーラン』には、二つの意味の体系の闘争、さらには、預言者を介した、二つの意味の体系の変換の瞬間が刻み込まれているのである。

それゆえ、井筒の『マホメット』は、ムハンマド以前のアラビア砂漠の「部族中心主義」にして「部族絶対主義」が徹底された社会の記述が書物の半ば近くを占めるという破格の構成をとらなければならなかった。井筒の関心は、預言者ムハンマドがいかにして自らが出現する以前の社会、「部族」中心の社会を、自らが出現して以降の社会、「神」中心の社会へと変革することができたのかにあった。ムハンマドは、なによりも意味の革命を引き起こしたのである。また、だからこそ、『言語と呪術』に続いて英語で書かれた『コーラン』論のほぼすべても、基本的には、ムハンマド以前の「無道時代」（ジャーヒリーヤ）から説きはじめられなければならなかったのだ。『マホメット』の最終章で、井筒俊彦は、ムハンマドによる「意味」の革命にして現実の革命の帰結である「政治と宗教とが渾然たる一体をなす新しい共同体」創出にあたって、ムハンマド自身が宣言したという印象的な言葉を、こう記してくれている――。

「今や異教時代は完全に終りを告げた」と。「従って、異教時代の一切の『血』の負目も貸借関係も、その他諸般の権利義務も今や全く清算されてしまったのである。また同様に、一切の階級的特権も消滅した。地位と血筋を誇ることはもはや何人にも許されない。諸君は全てアダムの後裔として平等であって、若し諸君の間に優劣の差があるとすれば、それは敬神の念の深さにのみ依って決まるのである」と。（『全集』第三巻、二四七頁）

言語によって、社会の、あるいは世界の新たな可能性が生起する。未開社会の呪術師にして詩人たちから、遠い過去のみならず、今この現在においても世界を揺るがし続ける宗教的かつ政治的な指導者が生み落とされたのである。

東方《しののめ》の光の哲学

砂漠に生まれた預言者ムハンマドは、「神」という「存在」を梃子として、砂漠の民たちを統べていた意味の体系を一八〇度転換してしまった。ムハンマドは、ユダヤ教、キリスト教と続いてきた唯一なる「神」という概念を極度に純粋化していく。契約を交わした特定の民族だけを救う神を否定し、その分身であるような子を生む神を否定する。

「神」とは唯一の完全なる「存在」、ただそれだけが必然として存在するものなのである。あらゆる限定を受けつけず、あらゆる有限なものを超越している。時において始まりを持たず、時において終わりを持たない。生成消滅するものと一切の共通点を持たず、自ら以外のなにものにも依存せず、ただそれだけで「存在」する。もちろんそうした論理的かつ否定的に導き出された「神」の裏面には、『コーラン』に描き出されているように、慈愛に満ち、被造物たる人間たちに生き生きと働きかけてくれるという情動的かつ肯定的な側面も存在している。厳格で冷酷な裁きの神と慈愛に満ちた救済の神。

『言語と呪術』を序論とする井筒俊彦の「哲学的意味論」において、まずは、預言者ムハンマドが唯一真に存在する「神」という新たな理論をもとに『コーラン』以前の「無道時代」において砂漠の遊牧民たちを統べていた倫理の方向をいかに変えてしまったのか、『コーラン』に用いられている語彙、鍵概念となる語彙をもとに徹底的に考察された（『意味の構造』）。そして、そこから導き出された神と人間の間に結ばれる関係の諸相が、やはり『コーラン』で用いられている対照的な――二項対立的な――語彙群をもとに整理されていった（『クルアーンにおける神と人間』）。さらには、預言者ムハンマド亡き後、信仰の共同体を統べていく核となる「信」という概念（「イーマーン」という語彙）がいかなる解釈の闘争を経て、いかにして磨き上げられてきたかが問われた（『イスラーム神学における信の構造』）。「信」（信仰）は「知」（哲学）と対立し相克しながらも、イスラーム共同体のなかに正統と異端という区分けを生み出していった。この地点まで到達して、井筒の「哲学的意味論」は大きな変貌を遂げる。

　イスラームのなかで哲学的な論理と宗教的な実践を独特の形に融合した人々、イランのシーア派的な環境のなかで「神秘」の実践と「光」の哲学を一つに総合したスーフィーと呼ばれる人々の営為を発見――再発見――したからだ。井筒の関心は、「存在」としての神を突き詰め、唯一の「存在」（光のなかの光）から森羅万象あらゆるもの、多種多様な「存在者」（さまざまな度合いをもった光）が生み出されていく様を、論理的に解明することにあり、さらにその関心は、そうした神的な「存在」を実践的に体験した人々に絞られていく。井筒は研究の拠点を日本からカナダへ、さらにはイランへと移す。もしイラン革命が生起しなければ、井筒は、そこ、光が満ちあふれる高原、イランにその骨を埋めていたかもしれない。

それでは井筒は、イランに何を見出したのか。アジアにまで広がったイスラーム世界において、それまで激しく対立してきた二つの独立した思考の体系、ギリシアに淵源を持つスコラ的で理性的な哲学（プラトンとアリストテレスを総合した新プラトン主義すなわちプロティノスによる「光」の哲学）と、後にスーフィズムと総称されるようになる個人的な神秘体験に基盤を持った修道的で実践的な哲学が、一つに融合したのである。「翻訳」による知識の集積が「体験」によってその極限にまで深められていったのだ。同時にそれはアラビアのイスラームとは対照的なアジア（イラン）のイスラームが確立される契機となった。

預言者ムハンマド亡き後、信仰の共同体を誰が、どのような理念のもとに率いていくのか。その点においてアラビアのイスラーム（スンナ派）とアジアのイスラーム（シーア派）は二つに分かれる。それまでの砂漠の民の慣習（スンナ）にもとづいた合議を経て預言者の代理人（ハリーファつまりはカリフ）を選定する。それが、いわゆるアラビアの正統的多数派が選択した道である。しかし預言者には娘ファーティマがおり、その娘の婿として預言者のいとこでもあったアリーが迎えられた。預言者の血を引くアリーの子孫たちこそが、信仰の共同体を率いる者としてよりふさわしい。アリーの周辺に集まり、アリーの党派（シーア）を形づくったものたちは、アリーとその子孫たちを、預言者の現実の「代理人」（カリフ）以上の存在、預言者に直接連なる霊的な「指導者」（イマーム）として帰依した。

そのことは『コーラン』の解釈に二つの道をひらいた。現実の合議にもとづいて字義的に解釈していくのか、霊的な指導にもとづいて多義的に解釈していくのか。『コーラン』は、預言者の子孫たちの身体のなかを流れていく血のように、表層の意味の下に、幾重にも重なり合う深層の意味を秘めていたのである。そのように聖典を読み進める者たちは、正統的な多数派からみれば、きわめて異端的な少数派となる。イスラームに生まれた密教――「秘密」すなわち「神秘」の体験を経た上で伝授される教え――である。そうした環境で、自らの「心」のなかに、「神」へと至る通路を発見しようとしていく者たちがあらわれる。スーフィーたちである――「羊毛」(スーフ)を頭から被って、ただひたすら自らの外ではなく自らの内に「神」を探った人を意味するというが、正確なところはわからない。

身体を落ち着け、精神を集中し、神の名を唱え続けることによって、スーフィーたちは、自らの表層の意識の下に、段階を経て徐々に、深層の意識がひらかれてくることを知る。意識は多層構造を持ち、同時に存在も多層構造を持っていたのだ。意識の奥底、つまりは存在の奥底に到達したとき、まさにプロティノスが体験したような光の世界があらわれ出る。あまりにもまばゆすぎて、もはや光ではなく闇としか名づけられない世界が……。そこにこそ神が臨在するのだ。人間的な自我が跡形もなく消滅した「無」の場所に、自らのうちから無限のものを産出する「神」があらわれる。

その神もまた「一」を超えた絶対の存在、「一」以前にして「一」を可能にする「無」としか形容のできない神なのだ。「無」へとたどり着いた者の前に「無」となった神が顕現する。意識の発生にして存在の発生、それは同時に意味そのものの発生でもあった。井筒の「哲学的意味論」の到達点である。

井筒は、イランで形になったアジアのイスラームに、イスラーム哲学史上きわめて重要な画期を見出す。それは、黙示録的な予兆のなかで世界を超越した唯一なる神から聖なる言葉とヴィジョンを授けられる人間、一神教という教えの根幹をなす預言者という存在と、その特異な存在が担ってきた理念を徹底的に思考していった人々が生み出した哲学であった。預言者という原型的な「存在者」を通して、この世界の根源に存在するものへの通路がひらかれる。預言者の系譜に連なる人々に帰依する者たちはそこに、あらゆるものの産出の母胎となるような究極の「存在」を見出したのだ。「存在」(神)と「存在者」(預言者)は光によって結ばれ合い、その二つの極の間で光はさまざまなイメージへと変容し、人間の想像力の基盤を形づくる。光の高原たるイランを生きた人々が見出した想像力の場では、根源的で唯一の「存在」から原型的なイメージが段階的に発出し(表現され)、現実の多様な「存在者」たちが形成されていく。「存在」から「存在者」へ。イランの地で形になった哲学を、「存在一性論」という。

井筒はイスラームにおける哲学の発展を大きく三期に分けている(『イスラーム哲学の原像』その他)。

第一期は、イスラーム生誕から一二世紀の末まで。それはなによりもギリシアの哲学（当然そのなかには科学論も含まれている）を「翻訳」している時代であった。バグダードに都をおいたアッバース朝教主「カリフ」のもと、驚くべき正確さでギリシア語からアラビア語に翻訳されたアリストテレスの諸著作とその新プラトン主義的な注釈書の上に花開く「一神教的スコラ哲学」。神には哲学を通じて至れるのである。

そして、「翻訳」の時代に引き続く、イスラーム思想史上、最も創造的な時期と井筒が位置づける第二期。それは舞台をペルシアの地、イランという高原に移し、世俗の支配者「カリフ」に対抗する精神的な指導者「イマーム」に帰依する人々の間で育まれ、一二世紀の末から一七世紀の半ば過ぎにかけて、二人の偉大な神秘主義哲学者（スフラワルディーとイブン・アラビー）と、その教えを総合した者（モッラー・サドラー）によって形を整えられていった。そして最後に一八世紀初頭から現代に至る第三期。それはイランにおいて第二期に大成された哲学を維持し、現在に至るまで生き生きとした姿で伝えることに多くの人々の営為が費やされた期間だった（第三期を代表する哲学者として井筒はサブザワーリーをあげる）。神へは神秘的な体験を通して至れるのである。

「存在一性論」は、井筒の区分による第二期から第三期にかけて、イランにおいて完成された哲学である。その教えを代表する者たちについて、井筒はそれぞれ英語と日本語で書物をまとめている。イブン・アラビーの哲学については、二分冊からなる『スーフィズムと老荘思想』の上巻（第一部）

が丸々とあてられ、さらに井筒は、モッラー・サドラーの代表作『存在認識の道』を日本語に翻訳し、サブザワーリーの代表作を英語に翻訳し、そこに長文の解説を付した――その解説が巻末におさめられたのが『存在の概念と実在性』である。井筒はスフラワルディーについての書物は刊行しなかったが（その意図は確実にあり、何度も予告されてさえいた）、上記の三冊の書物のなかで、「存在一性論」に対抗しながらも「存在一性論」を補完し、独自の形での完成に導いたスフラワルディーのイデアとしての「本質」、光としての「本質」にもとづいた哲学について、充分すぎるほどのページを費やして論じている。

『言語と呪術』と『コーラン』からはじまった井筒の「哲学的意味論」は、イランの存在一性論を経て、東洋哲学全体におよぶ共時論的構造の抽出という地平へと展開されていったのだ。イランの存在一性論は、その一つの、きわめて重要な原型となった。イランの存在一性論と構造的に対応する教えとして、井筒は老荘思想を見出し、極東の大乗仏教を成立させた如来蔵思想を見出したのである。「哲学的意味論」の転換が、文字通り井筒の学問的な転換――イスラームの哲学から東洋の哲学へ――と重なり合っているのである。

イランの存在一性論

井筒俊彦の関心は、イブン・アラビーから発し、モッラー・サドラー、サブザワーリーと続くイランの存在一性論にある。万物を生み出す根源としての「存在」は、万物として可能になった個別の「本質」（個別の存在の核となり、個別の存在を保証するもの）と対立する。スフラワルディーは、「本質」とは「存在」に先立つイデアのようなものであり、光のなかの光（イデアのなかのイデア）から無数の度合いをもった光（イデア）が生み出されている有様——光の神殿——を純粋な「本質」の世界と捉えていた。

モッラー・サドラーは、イブン・アラビーのいう「存在」とスフラワルディーのいう「光」（本質）とは別のものではないと考える。純粋に存在するという「本質」を持つのは神だけである。それ以外の「本質」（個物）は、神という「存在」がなければ生み落とされない。唯一の絶対的で無限の「存在」である神が喜びとともに産出する無数の個別で有限な存在をこそ「本質」と定義し直さなければならない。「本質」（個物の存在を成り立たせる本質）とは、「存在」を限定づけるものであり、そのことによって「存在」から具体的に産出されるものである。モッラー・サドラーは、スフラワルディーの光のなかの光から無数の度合いをもった光が生み出されてくるというヴィジョンを、唯一の「存在」（神）から無数の「本質」（個物）が生み出されてくるヴィジョンとして読み換えていく。井筒は、モッラー・サドラーが残した言葉を、こう日本語に翻訳してくれている――。

かくて、唯一なる絶対者以外の全ての存在は、絶対者自体の十方に発散する光耀の一閃にすぎず、絶対者の数限りない側面の一側面にすぎない。すなわち、一切の存在者を通じて唯一の根源があり、それこそあらゆる実在を実在化し、あらゆるものをものとして成立せしめ、あらゆる本体を本体たらしめるものである。それこそ真のリアリティーであって、他はことごとくそれの様相にすぎない。それこそ真の光であって、他はことごとくその光映にすぎない。それこそ太源であり、それ以外の一切のものはそれの様々に異る顕現であり自己示現である。それこそ最初にして最後なるもの、外なるものにして内なるものである。（『井筒俊彦著作集 10 存在認識の道』中央公論社、一九九三年、一八二頁）

光源とそこから発した光のように、鏡とそこに映る像のように、海と荒れ騒ぐ波のように、唯一なる存在（「存在」）と無数の存在者（「本質」）は、一つに結ばれてある。モッラー・サドラーは自身の哲学が、スフラワルディーのいう静的な「本質」――光の神殿にして「本質」の神殿――に、イブン・アラビーのいう動的な「存在」を総合することによって、つまりは「本質」を「存在」によって力動化することによって可能になったことを、井筒は、このすぐ後に説明してくれている。

真理の太陽が暁の地平に昇り、やがてその光が四方八方に輝き出して一切の可能的存在者の領域を照らし出し、一切の本質の神殿に浸透する時、およそ存在の名に値いするあらゆるものは、それぞれ永遠不滅なる一者の特殊相にすぎず、絶対的光の太源からきらめき出る光閃の一つにすぎぬことが明らかになるのだ。（同上、一八二—一八三頁）

サブザワーリーの哲学は、モッラー・サドラーによって総合を与えられた哲学の帰結としてある。森羅万象あらゆるもの（あらゆる個物の「本質」）の根源には「存在」があるのだ。「本質」の神殿に「存在」が浸透し、それらを活性化することではじめて個物は生命を得る。モッラー・サドラーの哲学が生み出されるためには、イブン・アラビーの哲学が、さらにはそれを可能にした無名のスーフィーたちの実践があった。井筒に「比較哲学」、「東洋哲学」の道をひらいたのもイブン・アラビーの哲学である。そうであるならば、井筒俊彦の「哲学的意味論」の到達点であり、「東洋哲学」全体の共時論的な構造を把握するための一つの原型であるイブン・アラビーの哲学の体系とは一体どのようなものであったのか。『スーフィズムと老荘思想』の第一部と『存在の概念と実在性』のエッセンスを井筒自身が日本語でまとめ直してくれた『イスラーム哲学の原像』をもとに概観しておきたい。

光の高原たるイランを生きたスーフィーたちは自らの心の奥底を見つめ続けていた。スーフィーたちは「私」という一人の人間が持っている意識の構造と、「私」という人間を取り巻く世界（存在）の構造が相互に密接な関係を持ち、両者が並行していることに気がついた。スーフィーたちはこう確信するようになった。意識を研ぎ澄ませていけばいくほど、そこにはこれまで考えもしなかったような認識の新たな領野が開かれ、それとともに、そこにはこれまで見たこともなかった世界（存在）の新たな風景が広がるようになるのだ、と。

意識と世界（存在）は多層構造を持っている。そして、その奥底には、意識と世界（存在）が、さらには時間と空間が、ともに滅し去ってしまうような場所、「私」が跡形もなく消滅し、そこに超越的な存在が顕現してくるような場所があらわにされる。その場所で、人ははじめて「神」をその目にし、「神」と出会うことができるのだ。意識と存在の表層ではさまざまに分化され、相互に区分され固定されていた意味と事物が、意識の深み、存在の深みでは、流動的となり、渾然一体となるのである――この流動と融合からなる領域を老荘的な「渾沌」と同定し、老荘的な「無」をイブン・アラビー的な「存在」と置き換えることで『スーフィズムと老荘思想』の第二部が可能になった。

さらに意識と存在がともに無化されてしまう意識と存在のゼロ・ポイントにおいては、意味と事物のあらゆる区別もまた相互に溶解し、消滅してしまう。そして、そこにはただ「一」としか表現することのできないものが立ち現れてくる。それをスフラワルディーは「光」と呼び、イブン・アラビーは「存在」と名付けた。純粋本質としてあるイデアの「光」、純粋存在としてあるリアルな「存在」。それは唯一無比なる「神」が発し続けている「慈愛の息吹き」、この世界を創造した「神」が発し続けている聖なる言葉と別のものではない。神の「慈愛の息吹き」によって万物が絶えず生み出され続けていく。イブン・アラビーにとって神とは母性的な「存在」であった（『スーフィズムと老荘思想』のなかで井筒はやや強引にそう解釈している）。そこに老荘的な母胎としての「無」、『大乗起信論』的な母胎としての「如来蔵」（アラヤ識）が重なり合う。

預言者という特異な人間存在が聴き取ることができ、感じ取ることができたものも、そのような聖なる言葉であり、「光」であり、「存在」であった。預言者は、流動してやまない「一」なる神の慈愛の息吹きに貫かれ、「光」に貫かれ、「存在」に貫かれている。そして預言者は、自らが体得したその聖なる言葉を、「光」を、「存在」を、意識と身体の深層から表層に引き上げ、つまり「一」なるものを分化し、多化し、固定化し、われわれに伝えてくれたのだ。しかもムハンマドは自らその可能性を閉じてしまったとはいえ（「預言者の封印」）、預言者を神の子という特別な存在ではなく、ごく普通にこの現実世界を生きている人間であると規定してくれた。だからこそ、預言者の血筋を引く聖なる一族を守護者としてイランという光の高原を生き抜いた敬虔な人々は、預言者的な実存を人間存在の原型として、自分たちの意識と身体を実験台としながら、「一」なるものへの探究へと乗り出すことができたのである。

存在一性論の哲学は神秘主義的体験と哲学的思惟を一つに融合した。つまりこの思想は、哲学であることによって、神秘的で個人的な体験だけに酔いしれ、そこに逃避することを許さない。また体験にもとづくということによって、現実から遊離し、思弁のみで構築された抽象的な体系に閉じ籠もることも認めない。その探究の果てにイブン・アラビーが提出した、意識の根源であり世界の根源でもある「神」の姿は異様である。そこでは「アッラー」というイスラームを成り立たせる根本概念さえもがいったん解体され、再構築されてしまうのである。つまりイブン・アラビーは「アッラー」の彼方に、いわば一を超えた「一」、すなわち意識と存在のゼロ・ポイント、東洋的な「無」を置いたのである。おそらくこの地点こそ、イスラームがイスラームとしてある極限の場所である。「有」神論と「無」神論がダイレクトに接し合っている。

イブン・アラビーは、「人格神をもそれの一つの顕現形態とするような、より根源的な何ものか」を「隠没《ガイブ》」(ghaib) と名づけた。隠れた神、言説化を拒絶する「あらゆる秘密のそのまた秘密」としてある神、「絶対未発、未展開、未分節の境位における存在リアリティー」、あらゆるものを生み出す母胎となるような「積極性をもった無」である。しかもこの神の以前の神、神の彼方の神である「無」は、「自己顕現」(存在顕現) の意欲、産出の欲望に取り憑かれ、自ら発する「慈愛の息吹き」とともにこの大宇宙、森羅万象の原型を自らの内に生み落とすのである。「無分節の純粋存在が、自らに内在する本性的な現象衝動に突き押されて、自らを分節して現れる」。言語学的に翻訳してみれば、無分節の「内包」から分節された「外延」が生み出されるのである。

神に付された無数の名と無数の属性を一つにまとめる「無」から生み出された「一」。イブン・アラビーはそれを「統合的一者」、すなわちアッラーとしたのだ。「無から一をとおって多へ」、「無」（隠没）から、つまりは自らの意志で生まれ出た絶対一者とその世界から、統合的一者とその世界（「一」＝アッラー）を通して人間が感覚できる物質的な「多」の世界へ。それがイブン・アラビーの「存在一性論」、存在顕現の哲学の持つ基本構造なのである――「絶対一者は、この訳語自体が示唆しておりますように、内面的にも外面的にも徹底して一。統合的一者は外面的には一、内面的には多。感覚界は徹底して多。そしてこれらすべての究極的根源として絶対無。無から一をとおって多へ、この全過程を貫いて一条の道が走っている、それが存在顕現なのであります」（『全集』第五巻、五七三頁）。

イブン・アラビーは意識と世界の根源にあり、それらのすべてを生み出す源泉となった絶対的な一者を「存在」と名付けた。森羅万象あらゆるものはこの無限の「存在」が限定を受けることによって生み落とされる。だから存在者のすべては濃淡の差はあれ、いずれも「存在」を分かち持っているのである。あたかも太陽のようにこの世界の中心に煌めく「光のなかの光」とそこから発してあらゆる事物に注がれる無限に多様な「光」の波動のように、はるかな深みを持ち無限にひろがる「海」とそこにあらわれる無数の波のように――『大乗起信論』もスーフィーたちも、ともに海と波の比喩を用いて、無限の神（無限の如来）と有限の人間（有限の衆生）の関係を論じている。あるいは、イブン・アラビーも老子も、あらゆるものを生み出す「無」（存在）をあらゆるものへ浸透する「水」に喩えている。

いずれにおいても、そこで人は、一であるとともに多である世界の真実、世界の真のリアルに出会うであろう。ここに預言者的実存は完結し、まったく新たな神秘主義的な主体、哲学的人間が生み出されるのである。井筒は、モッラー・サドラーの『存在認識の道』に付した長文の解説のなかで、そのような来たるべき人間の姿を過不足なく描き出してくれている――。

かくて我々は、存在は実在的には一であると共に多であり、多でありながらしかも一であるという結論に達する。真の悟達の人、すなわちモッラー・サドラーの考えているような理想的哲人とは、双眼の人でなければならない。一方の目で彼は実在としての存在を絶対的純粋性において視る。この目――精神の「右眼」――は深い瞑想の修錬によって開かれる超越的意識の目である。一切の存在者、様々に異る全てのものはここでは悉く払拭されて、一物の影もない。寂然たる無物の世界である。ただ純粋存在の燦然と輝く「光明的実在性」のみがそこにある。

しかしこの人は、もう一方の目で、同時に同じところに限りない多者の豊饒を見る。ありとあらゆる存在者がそこにある。万物は並び起り、錯然として文《あや》をなす。だが、これらの無限に異る事物のどの一つといえども存在でないものはないのだ。彼の目に映る多者は全て唯一なる存在の様相に他ならないのだから。彼の目は現実に多者を見ている。しかしまた彼はこれらの多者を悉く「光明的実在」の根源的光の屈折として見ているのである。

(『全集』第五巻、一二一―一二二頁)

井筒は、日本語で書かれた晩年の代表作『意識と本質』においても、遺著となった『意識の形而上学』においても、絶対無分節の次元の「存在」と千々に分節された「存在」(すなわち「本質」)を同時に見通すことができる人間を、「東洋の哲人」として位置づけていた。『大乗起信論』に説かれた「真如」、「アラヤ識」、「如来蔵」は意識と存在の双方において二つに分離されてしまった二つの極、無限の如来と有限の衆生を一つに結び合わせる働きをしている――そういった意味で、『大乗起信論』が説く「アラヤ識」と、井筒が「言語アラヤ識」という概念を引き出してきた唯識の説く「アラヤ識」は在り方が異なっている。唯識にとって「アラヤ識」は妄念を生む基盤であるが、『大乗起信論』にとっては真と妄が相矛盾したまま――「一」(同一性)にも非ず「異」(差異性)にも非ず――そのあるがままで和合するという場であった。現象が即そのままで覚りとなるという禅的な認識が可能になる場でもあった。

さらに、『意識の形而上学』ではそこまでは論じられてはいないが、『大乗起信論』自体においては、われわれの内に潜在的に秘められた「如来蔵」（如来の胎児）の持つ可能性がすべて顕在化（現働化）したとき、そこには「法身」があらわれる、と説かれていた。プロティノス的に言えば「全即一」にして「一即全」を体現した「一者」、大宇宙を成り立たせている法そのものを体現した身体である。しかし、その「法身」は無形無相、絶対の無にして絶対の空なのだ。その「法身」から森羅万象あらゆるものが生み落とされる。「法身」は、森羅万象あらゆるものの原型である無限の存在可能性を秘めた「報身」――如来や菩薩の持つ多種多様な身体に変身していくことを可能にする身体――へと展開し、それらが現実に存在する個物である「応身」へと具現化してゆく。『大乗起信論』が説く、「法」から「報」を経て「応」へという万物産出の在り方は、存在一性論を説く、「無」から「一」を通って「多」へ、という万物産出の在り方と等しい。

そしてまた、それは、モッラー・サドラーとほぼ同時代を生きたスピノザ（一六世紀から一七世紀にかけての約一〇〇年の間にモッラー・サドラーが生まれ、スピノザがこの世を去っている）が『エチカ』で説いた「実体」と「属性」と「様態」の在り方――無限の「属性」からなる唯一の「実体」である神、無限の属性が変容することで具体化された現実の個物である「様態」――とも等しい。唯一の「実体」が無限の「属性」へと展開し、無数の「様態」へと具現化するのだ。ディオニュソスの憑依によって明らかとなる「如来蔵」（真如）としての仏、「存在」としての神は、スピノザ的な神即自然にして自然即神と等しいのである。井筒が日本語に翻訳したモッラー・サドラーの『存在認識の道』を校訂したアンリ・コルバンは、ハイデガーの『存在と時間』を最初にフランス語に翻訳（抄訳）した人物であった。井筒とコルバンは、ともにエラノス会議へと招かれた同僚にして同志であった。そこにニーチェとハイデガーとスピノザ、あるいはイランの存在一性論と中国の老荘思想と極東の大乗仏教の基盤となった如来蔵思想を一つの地平から読み解いていく可能性がひらかれていく。

如来蔵の哲学

井筒俊彦が『スーフィズムと老荘思想』を刊行したのは、一九六六年から翌年にかけてであり、エラノス会議に参加するのも（一九六七年）、研究の拠点を海外に移すのも（一九六九年）、ほぼ同時期であった。そしてこのときすでに、井筒は、イランの存在一性論と中国の老荘思想を比較対照するだけでなく、両者と同じような思想の体系、思想の構造を持つものとして『大乗起信論』に説かれた如来蔵思想を論じていた。

慶應義塾大学言語文化研究所を去るにあたって、井筒が最終講義の主題として選んだのは『大乗起信論』であった。『大乗起信論』を読み解いていくにあたって、井筒はイランの存在一性論に特有の術語と、中国の老荘思想に特有の術語を使ってその骨格を説明していたという（黒田壽郎「意味論的分析の道――井筒俊彦教授の場合」『慶應義塾大学言語文化研究所紀要』第一号、一九七〇年二月による）。伝聞と推定だけでなく、それが事実であることは、井筒自身、同じ年（一九六九年冬）にエルサレムのヘブライ大学で行い、後に『存在の概念と実在性』に「ワフダト・ウジュード（存在一性論）の分析――東洋哲学のメタ哲学に向けて」として収められた講演を読めば分かる。そこでは、存在一性論における「絶対一者」（「アハディーヤ」）が現象的な多者に向かう側面、老荘思想における「無」にして「道」が現象的な多者に向かう側面（「衆妙之門」＝「無数の驚異が出て来る門」）と比較できる概念として、『大乗起信論』に説かれた「如来蔵」が取り上げられているからだ。

井筒は、こう述べている（以下、引用は、原則として『翻訳コレクション　存在の概念と実在性』〔鎌田繁監訳、仁子寿晴訳〕を用いるが、原語表記は省略し、原文で「タターガタ・ガルバ」となっている単語は「如来蔵」とし、「アハディーヤ」および「衆妙之門」については注記を加えた）――。

このような仕方で、「外側」の側面に注目したときのアハディーヤ〔「絶対一者」〕が、ここでは「隠れた宝」と表現されます。「隠れた宝」という概念はその構造上、老子による「衆妙之門」〔「無」にして「道」の持つ「無数の驚異が出て来る門」〕の概念と非常に近い。「衆妙之門」が、全ての現象的事物の究極の「源泉」として考えられた「道」ないし絶対的な実在を表現するのは既に見たとおりです。同様に「隠れた宝」を「如来蔵」、すなわち「絶対者の宝庫」に比定することは正しいでしょう。「如来蔵」もまた、サムサーラである「生と死」つまり、現象的に移ろいやすい世界に向かう特定の側面にある「存在」の絶対的一性です。絶対者の「宝庫」はなおも、絶対的に一であり不動です。だが、それは何らか己れのうちに、いったん作動したならば、絶対者を現象的展開へと推し進める動機を含みます。（八〇頁）

井筒が企図した「東洋哲学」の持つ構造とその可能性は、この一節に尽きているであろう。この講演では他に、シャンカラが代表するヴェーダーンタ哲学の不二一元論にも言及されている（同一の哲学体系、同一の哲学構造を持つ思想として）。『イスラーム哲学の原像』の直接の源泉であり、遺著である『意識の形而上学』の完全な原型である。井筒にとって老荘思想に説かれた「無」は、「空」を説いた仏教をインドから中国に受け入れるための重要な媒介となった教えであり（『翻訳コレクション　老子道徳経』に付された「序」より）、さらに如来蔵思想によってインド的かつ否定的な「空」は中国的かつ肯定的な「空」へと変貌を遂げることができたのである。

エラノスで一九八〇年に行われた講演、井筒自身にとっては第一一回目の講演となる、華厳の世界観を論じた「存在論的な事象の連鎖——仏教の存在観」のなかには、こう記されていた（引用は、

『翻訳コレクション　東洋哲学の構造』の澤井義次訳より）。

ここで問題になっている「空」の語の意味論的な修正は、大雑把に言うと、次のように起こりました。元来、その語はおもに否定的な意味での「無分節」を意味し、全ての現象的（すなわち経験的）形態の全的否定とか全的削除を意味しておりました。如来蔵思想の影響を受けて、この「無分節」という否定的な主旨が肯定的になりました。「無分節」は存在論的な充実、つまり、それ自体は全く無分節かつ同質でありながら、無限数の存在論的な形態へと分節できる、全てを包含する形而上的実在という肯定的な意味を獲得するようになったのです。（四六一頁）

破壊にして消滅のゼロから構築にして産出のゼロへ。「空」は「無」であるとともに「無限」でもある。この講演においても、如来蔵思想の持つ構造は、すぐさまイブン・アラビーの存在一性論および老荘思想と比較対照されている。なおかつ、井筒は、この講演の主題である華厳の世界観を説明にするにあたって、「光」が「光」を貫き、すべてのものが「光」の海に融け合うという、プロティノスが「一者」を垣間見た風景を引いている。最も華厳的な世界観を説明するものとして、である。井筒のなかでギリシアの光の哲学が、東洋の存在の哲学、無の哲学、如来蔵の哲学へと転換したのである。

井筒にとってイランと中国、存在一性論と老荘思想を通底させるものこそが、大乗仏教の如来蔵思想であった。井筒は、そのような見解を独自の翻訳と解釈を積み重ねることによって身につけた。極端に異なった複数の文化同士、言語同士が衝突し、解消不能な齟齬のなかで一つに融け合う。その「間」、あらゆるものを交叉させる中間にして「空」の領域にしか、独創的な思想体系、独創的な言語体系は生み落とされない。東洋哲学全体の共時論的かつメタ的な構造把握とは、そのような翻訳と解釈の時空でしか可能にならないであろう。そうした確信こそ、井筒がアジアに展開されたイスラームから学んだことであるし、井筒自身が生きたスタイルでもある。そしてまた、井筒が人生の総決算として最後に選んだ対象である『大乗起信論』自体も、アジアの地で何重にも積み重ねられた翻訳と解釈のなかから生み落とされた聖なるテクストだった。

サンスクリット原本の発見されていない『大乗起信論』は、いつ、どこで、誰が書き上げたのかさえ分かっていない。ヨーロッパとアジアが接触する場所、インドと中国とイランの交点である西域。そうした重層的な交通空間で形になった「大乗」という教えを根本から理解するためには、やはり重層的な翻訳と解釈がそのまま焦点を結び、それを体現するかのように正体不明で、なおかつきわめてシンプルなテクストが必要とされたのである。『意識の形而上学』冒頭に記された、明確な主語も述語も姿をあらわさない、印象的な一節――。

> 誰が書いたのか知らない（仏教思想史の古伝承ではインドの馬鳴《めみょう》菩薩の作ということになってはいるが、馬鳴といっても、どの馬鳴か、それが問題だ。馬鳴 Aśvaghoṣa アシュヴァゴーシャという名の思想家はただひとりだけとはかぎらないからである）。
>
> 従って、いつどこで書かれたものであるか、正確にはわからない。もともと何語で書かれた作品かもわからない（現に我々の手元にある『大乗起信論』のテクストは新旧二つの漢訳本だけである。漢訳というからには、原語はサンスクリットだろうと想像されるが、これにも語法上の疑問がある。実は初めから中国語で書かれた偽書であるかもしれないのだ。）
>
> だが、それでいて、出所不明、あるいは出自不確実の、（外見上は）片々たる小冊子にすぎないこの本は、大乗仏教屈指の論書として名声を恣にし、六世紀以後の仏教思想史の流れを大きく動かしつつ今日に至った。（『全集』第十巻、四七九―四八〇頁）

『大乗起信論』は、井筒俊彦が最後に到達した地点で選ばれるにふさわしいテクストであった。そしてまた、その正体不明の聖なるテクストは極東の列島に伝わり、変容し、定着した大乗仏教、「東方仏教」の起源でもあった。比叡山で天台宗の体系を完成した最澄も、高野山で真言宗の体系を完成した空海も、『大乗起信論』が体現する如来蔵思想の体系を読み込んでいた。それを土台として、最澄は『法華経』を中心に禅と浄土と密教の総合を企て、空海は『華厳経』に描かれた「法身」が入る三昧から「法身」自身が発する聖なる言葉、「真言」へと向かっていった。最後の井筒俊彦から「東方仏教」の起源へ。探究の円環は新たな地平にひらかれなければならない。

第三章　始原の意味を索《もと》めて——『言語と呪術』

内包と言語アラヤ識

『神秘哲学』を刊行した一九四九年、井筒俊彦は師である西脇順三郎の後任として、慶應義塾大学で「言語学概論」の講義をはじめる。間に一年の休講をはさみ、一九五六年まで続いたこの講義を素材にした英文著作『言語と呪術』(*Language and Magic: Studies in the Magical Function of Speech*) が同年に刊行された。その四年前の一九五二年には、預言者の生涯の軌跡を破格の構成で論じた『マホメット』が刊行された。『コーラン』の邦訳の刊行が開始されるのは、『言語と呪術』刊行の翌年からである。井筒にとって、預言者の生涯と「聖典」の解釈は、「言語と呪術」という主題を介して一つに重なり合う。

『言語と呪術』は、イスラーム研究者としての井筒俊彦が生涯をかけて探究した、神と預言者、両者を一つに結び合わせる神の聖なる言葉の在り方とその条件を明らかにする。しかしながら、ただそれだけには限定されない。『言語と呪術』で預言者ムハンマドが正面から論じられるのは、ようやく最終章（第十一章）、しかもその後半に至ってからである。『言語と呪術』は、結論としては神と預言者の関係に集約されるが、しかしその全体としては、井筒のイスラーム研究を大きくはみ出す――拡大する――ものだった。『言語と呪術』には、最晩年の井筒が取り組んでいた東洋哲学全体を「共時論的」に「構造化」していくための一つの重要な鍵として位置づけられた「言語アラヤ識」の正真正銘の原型と称することも充分に可能な考え方がすでに提示されていた。『言語と呪術』は、井筒俊彦のイスラーム探究の原型にして母胎であるばかりでなく、井筒俊彦が成し遂げようとした学問的かつ詩的な探究すべての原型にして母胎となるものであった。井筒にとって、イスラーム研究と東洋哲学研究、詩学研究は別個のものではなく、そのいずれにおいても、「超越のことば」の発生の条件およびその構造を問うものであった。

言語は論理《ロジック》であるとともに呪術《マジック》である。

『言語と呪術』は、その冒頭（第一章）で、高らかにそう宣言する。言語は、世界を論理的に秩序づける力とともに世界を呪術的、すなわち魔術的に転覆してしまう力を持っている。井筒は、言語の持つ両義性にして二面性を、さらに「外延」（デノテーション）と「内包」（コノテーション）という術語を用いて言い換えてゆく。それこそが『言語と呪術』を成り立たせている基本構造であり、著作全体を貫く中心課題であった。「外延」とは、言葉の意味を明示的、一義的に指示する外的な機能であり、「内包」とは、言葉の意味を暗示的、多義的に包括する内的な機能である。「外延」が有限者と有限者（人間と人間）の間に結ばれる水平的かつ間接的なコミュニケーションを可能にするならば、「内包」は無限者と有限者（神と人間）の間に結ばれる垂直的かつ直接的な啓示を可能にする。「外延」は秩序を構築し、「内包」は秩序を解体し再構築する、すなわち「脱構築」する——のちに言語、あるいは意味の「脱構築」（解体にして構築）を提唱するジャック・デリダと井筒俊彦が親密な対話を交わしていくのは偶然ではなく必然であった（本書終章）。

言語は、論理にして「外延」、呪術にして「内包」である。井筒は、『言語と呪術』全体を通して、さらには後のイスラーム研究、東洋哲学研究全体を通して、言語の持つ両義性にして二面性という立場を保持し続ける。しかし、井筒がそもそも最初から、つまりはこの『言語と呪術』の段階ですでに、より重視していたのは、明らかに言語の論理ではなく言語の呪術、言語の「外延」ではなく言語の「内包」の方であった。言語の呪術にして言語の「内包」。晩年の井筒は、それを言語の表層構造に対する深層構造、その深層構造自体としてうごめく「言語アラヤ識」として定位する。一九八四年に発表され、翌年、単行本『意味の深みへ』に収録された「文化と言語アラヤ識」のなかで、井筒は「言語アラヤ識」の在り方を、こう描写している――。

だが、実は、言語は、従って文化は、こうした社会制度的固定性によって特徴づけられる表層次元の下に、隠れた深層構造をもっている。そこでは、言語的意味は、流動的、浮動的な未定形性を示す。本源的な意味遊動の世界。何ものも、ここでは本質的に固定されてはいない。すべてが流れ、揺れている。固定された意味というものが、まだ出来上っていないからだ。勿論、かつ消えかつ現われるこれらの意味のあいだにも区別はある。だが、その区別は、表層次元に見られるような固定性をもっていない。「意味」というよりは、むしろ「意味可能体」である。縺れ合い、絡み合う無数の「意味可能体」が、表層的「意味」の明るみに出ようとして、言語意識の薄暮のなかに相鬩ぎ、相戯れる。「無名」が、いままさに「有名」に転じようとする微妙な中間地帯。無と有のあいだ、無分節と有分節との狭間に、何かさだかならぬものの面影が仄かに揺らぐ。（『全集』第八巻、一七二頁）

井筒がここで説く「意味」の源泉、縺れ合い絡み合う無数の「意味可能体」を包括するもの、その原型となったものこそが、『言語と呪術』で説かれた言語の持つ呪術的な側面、言語の「内包」

であった。この論考に先立ってまとめられ、井筒の「東洋哲学」を代表する書物として知られる『意識と本質』の大部分を費やして論じられる「根源的なイマージュ」が生じる「意識と存在の深層」もまた、「内包」としての「言語アラヤ識」そのもののことである。

井筒は、同じく「文化と言語アラヤ識」のこの引用に続く部分で、「意味」が生成してくる「幽邃な深層風景」、「無と有のあいだ、無分節と有分節との狭間」そのものを描き出すことに成功した例として『老子』が説く「道」をあげている。老荘思想が説く「道」にして「無」、そこから森羅万象あらゆるものが産出され、そこに森羅万象あらゆるものが帰還していく場とは、一神教の極限、イランのイスラームに育まれた存在一性論がいう「存在」としての神、「無」としての神と等しい。あらゆるものを産出する根源的な存在は、ただ「無」と名づけることしかできないのだ。それが、英文著作の到達点である『スーフィズムと老荘思想』で井筒が下した結論である。井筒の言語学的な探究は、井筒の宗教学的な探究、哲学的な探究と一つに重なり合う。

前章で触れたように、『東洋哲学覚書　意識の形而上学――『大乗起信論』の哲学』において、井筒は、無限の如来と有限の衆生、永遠の真如と刹那の生滅、覚と不覚を相異なりながらも一つに結び合わせる「如来蔵」としてのアラヤ識を提唱した『大乗起信論』を、「東洋哲学全体に通底する共時論的構造」を把握することを可能にする一つの重要な例として抽出する。

『大乗起信論』が主張するのは、まさに「無と有」、「無分節と有分節」の間に位置し、両者をつなぐ「アラヤ識」の特異な在り方であった。井筒は、この遺著のはじまりの章（第一部）で、大乗仏教の「アラヤ識」たる「真如」を、老荘思想の無としての「道」、存在一性論の無としての「存在」のみならず、プラトンのイデア論を突き詰めて新プラトン主義の哲学体系を完成したプロティノスのいう万物の源泉としての「一者」、インドのヴェーダーンタ哲学、不二一元論哲学にいう真の我（アートマン）と合一する宇宙原理たる「梵」（ブラフマン）などと、次々に重ね合わせていく。

井筒にとって超越と内在を矛盾するがまま一つにつなぎ合わせるものが「神」であった。預言者とは、こうした「神」の領域、言語の「内包」にして言語の「アラヤ識」に直接触れることができ、そうした未曾有の体験をもとに、言語の「意味」そのものが持つ体制を変革し、同時に「社会」そのものが持つ体制を変革することができる人間のことだった。しかしながら、そうした預言者の持つ特別な能力は、「呪術」の時代をいまだに生きている「未開」の人々が、「幼児」たちが、詩人たちが、日々行っていることでもあった。われわれはみな預言者であり、詩人であり、未開人であり、幼児である。それが、『言語と呪術』が導き出すラディカルな結論であった。

『言語と呪術』は、文字通り、井筒俊彦の学問にして表現の隠された起源として存在している。若き井筒俊彦は、当時の人文諸科学の最新の成果、考古学、人類学、宗教学、心理学、詩学などの成果を貪欲に消化吸収し、大胆に活用することで、「意味」の始原を探究していった。『言語と呪術』には、井筒の他の著作には一切登場しない固有名も多い。この後、多様な方向へと展開される井筒俊彦の学問にして表現のすべての萌芽もまた、この書物のなかに秘められている。特に、井筒が中国語の文法に関してこれほどの情熱を持って取り組んでいたことは驚きであろう。それが「東洋哲学」の基盤となっている。

『言語と呪術』は、そういった意味で、井筒俊彦が大成する「哲学的意味論」の、まさにアルファにしてオメガとしてある。「哲学的意味論」とは、井筒が同名エッセイ（一九六七年）で明かすとおり、エラノス会議に招待されるにあたって、主催者の側から打診された専門領域の名称である。井筒は、まさにその瞬間に抱いた驚きと納得を、印象深く、こう記している。「哲学的意味論――それは私が最近胸にいだいてきたイデーを他のどんな名称にもましてよく表現しているように思われた」、と（『全集』第四巻、一三二頁）。

本章では、まずは、井筒にとって「哲学的意味論」の起源である『言語と呪術』が、井筒のイスラーム研究と創造的に交わる地点を確定する。次いで、『言語と呪術』の構成自体を検討し、論理と呪術、「外延」と「内包」という二つの側面から理解される表現言語という観点が、決して井筒一人に閉じられたものではなく、井筒の二人の師である西脇順三郎と折口信夫にも共有され、さらには『言語と呪術』を高く評価したといわれるロシア生まれの言語学者ロマーン・ヤーコブソンの失語症論にも共有されていることを明らかにする。『言語と呪術』は、列島に固有の詩的言語論と世界に普遍の科学的言語論の交点に位置していた。

『言語と呪術』誕生前夜

『言語と呪術』の結論である最終章（第十一章）で、井筒俊彦は、預言者ムハンマドを、いまだ呪術が生きている社会、世界を呪術的に捉え、世界を呪術的に表現する人々のもとへと、あらためて生まれ直させる。前章で述べた通り、預言者ムハンマドは、アラビア砂漠に固有の呪術を超越にまで高め、そのことによって世界に普遍の宗教をひらいた一人の「異常」な人間であった。『コーラン』は、その軌跡をダイレクトに跡づけてくれるのだ。言語の持つ呪術的な機能、言語の「内包」をその手に直接摑みとり、「内包」をもとにして言語の持つ意味を根底から変革し、そのことによって同時に社会の持つ意味を、部族中心から神中心へと根底から変革してしまった一人の人間。その生涯の歩み、その理論にして実践を、具体的に検証していける特権的なテクストこそが『コーラン』であった。

だからこそ、井筒は、『言語と呪術』に取りかかる以前に、ムハンマドの詩的な評伝である『マホメット』をまとめ、『言語と呪術』を完成して以降、その成果として、『コーラン』を日本語へと翻訳し、さらに英語を用いて『コーラン』の持つ意味の分析を続けていかなければならなかったのだ。翻訳は解釈である。解釈を十全に果たすためには、その書物に張り巡らされた意味の構造を十全に理解していなければならない。そして「意味」は必ず一つの体系をなしているのだ。

フェルディナン・ド・ソシュールは、言語の持つ意味の体系は「共時的」であると喝破した。言語の持つ意味は、それを構成するすべての要素が互いに密接な関係を持ち、完成された体系をなしている。しかし、言語の体系それ自体は変化してやまない。その変化の軌跡を追うのが言語の「通時的」な研究である。言語は「共時的」に完成しており、しかも「通時的」に変化している。通常であれば、その「通時的」な変化は自然であるため、一つの言語の体系を生きている者にとっては、いつの間にか「共時的」にもう一つの言語の体系へと移ってしまっている。預言者は、そうした意味の体系の変化を、意識的にせよ無意識的にせよ、いま、こ、こ、で、人為的に引き起こすことができる特権的な存在だった。二つの「共時的」な意味の体系の間に立つことができる存在だった。だからこそ、井筒は預言者という存在を問うことを、生涯にわたって、やめることができなかったのだ。

前章で述べたように、神の預言者たるムハンマドが生まれたのは、原初の呪術的な世界の直中だった。ムハンマドはサジュウ体を用いながら、神が自らに下してくれた聖なる言葉を、人々に向けて語ったのである。それではムハンマドと「カーヒン」たち、砂漠の預言者と砂漠の詩人にして戦士たちの違いはどこにあったのか。井筒は、『コーラン』の邦訳の段階では、意味の革命をムハンマドに成し遂げさせた契機を、自他の区別、主観と客観、精神と身体（物質）の区別が消滅してしまう「憑依」（神憑り）として言及するのみだった。「憑依」（神憑り）という主題は、一九四九年に刊行された『神秘哲学』で十全に論じ尽くされていた。『神秘哲学』で描き出された「憑依」は、『言語と呪術』で提出された「内包」を可能にする前提条件であった。『言語と呪術』は、『神秘哲学』の主題である「憑依」を受け継ぎ、その「憑依」が明らかにしてくれた主客未分、「脱自」と「神充」が一つに重なり合った地平に、「意味」の発生にして「言語」の発生を見出すものであった。

井筒は、一九五一年には慶應義塾大学の通信教育部のテキストとして『露西亜文学Ⅰ』『露西亜文学Ⅱ』を刊行し、一九五二年には『マホメット』を、一九五三年には『露西亜文学』をもとに増補された『ロシア的人間』を刊行する。すでに述べたように一九四九年に開始された「言語学概論」が終了した一九五六年には、その成果をまとめた『言語と呪術』を世に問う。そして、その翌年の一九五七年から、岩波文庫で全三巻からなる『コーラン』の邦訳の刊行を開始するのである。

驚くべき密度と、豊かな多様性を持った数年間である。井筒の学問と表現の持つ可能性のすべてが出揃った時期でもあった。井筒は、『神秘哲学』で哲学の発生を論じ、『露西亜文学』で文学の発生を論じ、『マホメット』で宗教の発生を論じた。井筒にとって、哲学、文学、そして宗教は、まさに同一の源泉から発生してくるものだった。

井筒俊彦は、哲学、文学、宗教の発生の基盤に「憑依」を据えた。憑依によって人間は、言葉では決して表現できないような「神秘」、森羅万象あらゆるものが一つに入り混じり、一つに融け合うような状態にまで到達することができる。そうした「神秘」のなかからこそ、原初の「意味」、原初の「言語」が発生してくるのだ。井筒は、哲学の発生を論じ、文学の発生を論じ、宗教の発生を論じながら、言葉が発生してくる始原の場所を探究していったのである。その結果として、井筒は、「呪術」の発生とまったく見分けのつかない「意味」の発生にして「言語」の発生にまでたどり着く。井筒にとって、哲学、文学、宗教が発生してくる「神秘」の源泉には、発生状態にある言語そのものが存在していた。

「始原」の意味の探究

『言語と呪術』は、そのような井筒の探究の過程を、そのまま一冊の書物としてまとめたものである。書物の主旨は明確であり、その構成全体が持つバランスはきわめて良く整えられている。井筒が『言語と呪術』で全面的に依拠しているのは、C・オグデンとI・リチャーズによってまとめられた『意味の意味』(原書初版一九二三年、日本語訳初版一九三六年)である。この書物の巻末にはオグデンとリチャーズによる「意味」の探究に大きな刺激を受け、その理論をもとにして「未開」の言語が持つ「意味」の諸相を論じた民族学者にして人類学者であるブロニスワフ・マリノフスキーの論考、「未開言語における意味の問題」が収められていた。井筒にとっても、オグデンとリチャーズ、さらにはマリノフスキーが推し進めていった「未開」の言語の持つ「意味」の構造の探究こそが、その「哲学的意味論」の骨格をなすこととなった。マリノフスキーが「未開」という言葉であらわそうとしているのは、いまだ文明化されていない「始原」の社会のことであると同時に、いまだ大人になっていない「始原」の人間（つまりは幼児）のことであった。マリノフスキーは、「始原」の社会、人間集団にとって原型的な社会で用いられている言語と、「始原」の人間、人間個人にとって原型的な存在が用いることができる言語の構造は等しい、と主張していたのである。

オグデンとリチャーズが「言語」の根底、「意味」の根底に見出した基本構造は、二つの機能、外的な事物を指示する機能と内的な感情を喚起する機能からなっていた。指示と喚起、それが「未開」の言語、「始原」の言語の持つ基本構造でもあった。井筒は、そのような「意味」の理解にもとづいて、「始原」の言語が持つ二つの機能を、論理と呪術、「外延《デノテーション》」と「内包《コノテーション》」と読み替えていったのだ。

『言語と呪術』が全体として持つ構成を、大きく分けて考えるならば、三部からなる。すなわち、「呪術」として成立した原初の言語、その言語が持つ原初の「意味」を十全に理解するための導入編、理論編、実践編という三部構成である。

まず、第一章「呪術と論理のあいだ——予備的考察」から第四章「近代文明のさなかの言語呪術」までが導入編である。ここでは、この後に展開される議論の中心となる原初の「言語」にして原初の「意味」が持つ二つの側面にして二つの機能、論理と呪術が、古代社会から近代社会に至るまで生き延びており、「法」と「詩」という一見すると相反する言語表現もまた、ともに、言語の持つ呪術的な側面から生まれ出てきたことが説かれている。

次いで、第五章「「意味」という根源的な呪術」から第八章「構造的な喚起」までが理論編である。まずは言語の「意味」そのものが根源的には呪術的な性格を持つこと、その根源的な「意味」が「外延」と「内包」という二つの側面にして二つの機能からなることが示される。次いで言語の呪術的な側面を代表する「内包」はさらに四つの性質――指示的、直観的、感情的、構造的――を持ちながら実体化されること、さらには「内包」が持つ四つの性質の詳しい説明がなされ、そのなかでも特に「内包」の持つ構造的な性質とは始原の「文法」であること（後に井筒は、言語の「内包」が持つこの側面を「言語アラヤ識」、言語の根源的な文法構造として深めていくことになる）等々が、きわめて客観的かつ論理的に述べられている。

最後に、第九章「自発的な儀礼と言語の起源」から最終章である第十一章「高められた言語」までが実践編である。原初の呪術的な言語の発生を聖なる世界と俗なる世界の間で苦闘する人間たちが編み出した「自発的な儀礼」（マリノフスキー）に見出し、そうした「自発的な儀礼」が成り立つためには外的（環境的）な「枠組みづけ」と内的（精神的）な「枠組みづけ」が協働することが必要であること、さらにはそうした協働によって言語こそが世界を変える力を持つに至ること等々が、きわめて主観的かつ感情的に述べられている。

「呪術」としての言語には、理論と実践、客観的な指示をあらわす機能と主観的な感情をあらわす機能が兼ね備えられている。『言語と呪術』の全体が、井筒の「哲学的意味論」が持つ骨格およびその全貌を、過不足なく解き明かしていく構造となっている。

『言語と呪術』を書き進めている井筒俊彦は、言語学者であるとともに、それ以上に、民族学者であり文化人類学者であった。井筒が幻視している「始原」の社会とは、ジェイムズ・ジョージ・フレイザーが『金枝篇』のなかで描き出した「呪術時代」に該当する、人類の黎明期にあたる部族的な狩猟採集社会と、そのなかから近代を生み落とした大規模な農耕社会の間にひらかれる、狩猟採集を行いながらも定住することで安定を得た社会である。昨今、「持続可能な社会」として論じられることが多い、生態学的な知、エコシステムにもとづいた縄文の社会やアイヌの社会をイメージしてもらえればよい。定住し、動物の狩猟と植物の採集によって生業が成り立ち、社会が安定することによってはじめて「アニミズム」、すなわち森羅万象あらゆるものが霊的な力に満ち、不可視の力で結ばれ合った世界観が生じてくる。こうした世界観、「アニミズム」的な世界観を持った社会の下限に、井筒は『旧約聖書』を生み出した古代ヘブライ社会と『万葉集』を生み出した古代日本社会を位置づけている。旧約的世界と万葉的世界が、井筒にとって「呪術時代」を最後に代表するものであり、その痕跡を残すものであった。

「アニミズム」的な世界観を持ち、「始原」の社会を生きる人々は、エミール・デュルケームが原初の宗教的な社会の条件として抽出してきた、霊的な「力」の発生してくる聖なる世界と物理的な「もの」に満ちた俗なる世界という、二つの相反する世界を生きている。この二つの世界を一つに結び合わせるのが、マリノフスキーいうところの「自発的な儀礼」であり、そこから原初の言葉にして原初の意味が生まれてきた。フレイザー、デュルケーム、マリノフスキー。英語著作においても、日本語著作においても、『言語と呪術』以外で、井筒の書くもののなかにはまったく見出すことのできない人々の名である。それだけではない。井筒は、言語の持つ呪術的な側面、「内包」の機能を論理的に定義づけるために当時の意味論学者たちが刊行した最新の著作を網羅的に参照し、同じく哲学的に定義づけるためにデイヴィッド・ヒュームやジョージ・バークリーなどイギリス経験論者たちの著作もまた網羅的に参照している。彼らの名もまた、この書物以外で見出すことはできない。それに反して、言語の持つ呪術的な側面、「内包」の機能と直結した「詩」を論じるために井筒が参照したリルケ、マラルメ、ヴァレリー、さらに屈原（『楚辞』）は、のちに『意識と本質』のなかで、あらためて大きく取り上げ直される。そういった意味で、『意識と本質』は、『言語と呪術』を創造的に反復した著作であると言うことも可能である。

『言語と呪術』は、井筒俊彦の他の著作と連続しながらも、その連続を根底から断ち切ってしまうという側面をも持っている。井筒の学問と表現における連続と非連続、それを最も印象的かつ最も象徴的にあらわすのが、『言語と呪術』で繰り返し言及される『鏡の国のアリス』であり、その重要な登場人物であるハンプティ・ダンプティであろう。井筒は、この虚構の登場人物がなす発言に、現実の詩人たちがなした発言と同等の力、あるいはそれ以上の力を見出している。第六章「内包の実体化」で、井筒は高らかに、こう宣言する。『鏡の国のアリス』に登場するハンプティ・ダンプティが主張していることは根本的に正しい。ハンプティ・ダンプティは言う。私が言葉を語るときは、その言葉に私が持たせたい通りの意味を持たせる。「意味」によって現実が、存在が生起する。それゆえ、私こそが言葉の主なのだ。意味の主にして世界の主なのだ。井筒にとって、言語遊戯によって虚構の存在を生み出し続ける『鏡の国のアリス』は、『旧約聖書』の創世記を反復し、呪術的世界の真実を描き出す究極の書物だった。虚構のハンプティ・ダンプティは、現実のムハンマドのように、「意味」(「内包」)をもとにして現実を変革してしまった。井筒が生涯をかけて論じ続けた現実の預言者ムハンマドと、井筒がこの『言語と呪術』のみで論じた虚構の「言葉の主」ハンプティ・ダンプティと、両者は互いの分身であり、互いの鏡像である。それは井筒の他のすべての著作と、この『言語と呪術』という唯一無二の著作が持つ関係性そのものを象徴してもいよう。

哲学的意味論の系譜

『言語と呪術』では、一貫して、言語の持つ呪術的な側面、言語の「内包」は、詩の発生と密接な関係を持つと説かれていた。ここまで『神秘哲学』や『マホメット』を読んできたわれわれは、井筒自身が、客観的な論理だけでなく、主観的な感情とともに哲学の発生、宗教の発生を論じようとしてきたことをよく理解している。論理だけでは、表現が発生してくる「意味」の深みにまで到達することができないのだ。『神秘哲学』や『マホメット』のある箇所の文体は、そのまま井筒による散文詩と捉えてもなんの違和感もないはずだ。詩の発生を論じるためには、自ら詩人――呪術的言語の使い手――となる必要があった。それが、井筒が選び取った、書くためのスタイルであった。

詩人であるとともに、言語の論理的かつ科学的な研究者であること。しかも、言語の発生、意味の発生を徹底的に論じるためには、人文諸科学のあらゆるジャンルを横断し、そこに一つの総合を打ち立てなければならない。そのような井筒の立ち位置は、日本の、あるいは世界のアカデミズムのなかではきわめて異例なものであったはずだ。しかし、決して孤立していたわけではないのだ。井筒の「哲学的意味論」には世界的な同伴者がおり、また、この列島には、まさに詩人であることと同時に言語の研究者であることを貫いた二人の師がいた。それが、第一章で論じた西脇順三郎と折口信夫であった。井筒の『言語と呪術』は、世界的な同伴者、そして日本の師たちが形にした詩的言語論と、その基本構造を共有している。井筒の「哲学的」にして「詩的」な意味論の系譜をまずは世界に、そしてこの極東の列島に、ひらかなければならない。

井筒俊彦が『言語と呪術』で試みたのは、原初の共同体、古代的で「未開」な社会、すなわち呪術的な社会を生きる人々が使っている呪術的な言語のなかに、言語の根源的な機能を見出す、ということであった。井筒は、言語の発生と呪術の発生は等しいとさえ述べていた。あるいは、人類の言語の起源は呪術的な思考方法の発生と同時であるとさえも。もちろん言語には、数学を生み出すようなきわめて論理的な働きも存在する。しかし、論理の基盤、論理に潜在しているものとは、なによりも呪術なのである。

言語には「呪術」と「論理」が、あたかも闇と光のように存在している。しかしながら、光を生むのは闇であり、論理を生むのは呪術なのである。呪術は、原初の共同体にのみ見出される現象ではない。原初の共同体とパラレルである原初の人間、つまり幼児の言語獲得のプロセスこそ、呪術的な思考発生のプロセスそのものなのだ。井筒は文化人類学（および民族学）と発達心理学を、「呪術」を介して一つに結び合わせようとする。そのような試みは荒唐無稽なものだったのであろうか。おそらく、そうではあるまい。

「呪術」の原理を探究したフレイザーの『金枝篇』（一九一一―一五年、第三版）と「言語」の原理を探究したソシュールの『一般言語学講義』（一九一六年、没後講義ノートを編集）を二つの源泉として成立した、フランスの文化人類学者クロード・レヴィ＝ストロースによる『野生の思考』（一九六二年）を知っているわれわれから見れば、「言語」と「呪術」を二つの極として人間の思考の原初形態

――未開の思考にして「野生」の思考――を探ることは至極当然のことなのだ。『言語と呪術』が『野生の思考』よりも以前に世に問われていたことにわれわれはもっと驚いた方がよい。

フレイザーは、「呪術」の原理として、「類似の法則」と「接触または感染の法則」を抽出する。似ているものは似ているものによって置き換えることが可能である（「類似の法則」）、あるいは、部分によって全体を置き換えることが可能である（「接触または感染の法則」）。呪術師は、そうした二つの方法を用いて呪術を組織している。ソシュールは、「言語」の原理として、「範例的な関係」と「連接的な関係」を抽出する。パラディグマティック、すなわち「パラダイム」の関係と、サンタグマティック、すなわち「シンタックス」の関係である。言語は類似を持った無数の語の「範例」の束からなり、そこから一つの語が選ばれて部分から全体へと線状に「連接」されていく。人間は、そうした二つの方法を用いて言語を組み立てている（ソシュールに関しては、井筒と相互に影響を与え合う関係にあった丸山圭三郎による術語を借りている）。

呪術の「類似の法則」と言語の「範例的な関係」が思考の垂直軸を構成するとするならば、呪術の「接触または感染の法則」と言語の「連接的な関係」は思考の水平軸を構成する。人間は、思考の垂直軸から一つの「もの」（呪物）あるいは語を選び、それを水平軸に沿って――意味を成すように――配列していかなければならない。レヴィ＝ストロースの「構造」の起源は、フレイザーとソシュール、すなわち「呪術」の原理と「言語」の原理の統合にある。しかも、レヴィ＝ストロースは独力で、そのような「構造」の概念を把握できたわけではないのだ。レヴィ＝ストロースより先に、「呪術」の原理と「言語」の原理を一つに結び合わせ、「構造」という概念そのものをレヴィ＝ストロースに教授した人物がいる。ロシアに生まれ、「構造主義」の言語学を提唱したロマーン・ヤーコブソンである。

ヤーコブソンは、人間の言語の構造は「範例」と「連接」、パラダイムとシンタックスからなり、しかもその構造は人間の言語獲得そのものと密接な関係があると説いていた。ヤーコブソンは失語症患者の言語喪失の過程を例にとる。ヤーコブソンによれば、失語症患者には、言語能力として「範例的な関係」が失われる場合と「連接的な関係」の失われる場合の二つのパターンが見出される。ヤーコブソンは、その二つのパターンを、言語学的に「隠喩《メタファー》」の関係と「換喩《メトニミー》」の関係と言い換える。失語症患者は、似ているものを似ているものに置き換えられなくなってしまうか、部分と全体の関係を正確に把握できなくなってしまうか、そのどちらかの症例を発症するのである。

言語の喪失と言語の獲得とは表裏一体の関係にある。人間は、あるいは呪術師は、思考能力の「範例的な関係」（隠喩）からなる垂直軸と「連接的な関係」（換喩）からなる水平軸をもとにして言語を、あるいは呪術を、学習していくのである。世界は言語として、あるいは呪術として、構築されていたのだ。ヤーコブソンの論考、「言語の持つ二つの側面と失語症の持つ二つのタイプ」は、『言語と呪術』と同じく一九五六年に発表されている。その末尾で、ヤーコブソンは、フレイザーによる「呪術」の原理と、自身が構築しようとしている構造主義的な言語学の原理との類似性について正確に言及している。もう一つ、ヤーコブソンが言及しているのが、フロイトによって抽出された「夢」の原理との類似性である――井筒もまた、言語の「内包」をフロイトの「無意識」と言い換えている。

そうしたヤーコブソンからの強い推薦があり、井筒にはロックフェラー財団からの奨学金が授けられ、二年間におよぶ海外での研究が可能になったという。ヤーコブソンが『言語と呪術』にきわめて高い評価を与えたというのは上述した彼らの思考方法の類似性をみると納得できる。ヤーコブソンは井筒を自らの研究の同志と考えていたのかもしれない（以下、引用中の人名は統一しておらず、原語表記も省略した）――「ロックフェラー財団では分野別に審査員が構成されていて、そのころ、ローマン・ヤコブソンという有名な言語哲学者がその一人でした。この方から大変な推薦をいただいたそうです。今はもうそんなことはなくなったようですが、そのころの言語学では人間言語の発生起源を論じることは学問的タブーとされていました」（井筒豊子『井筒俊彦の学問遍路』より）。ヤーコブソンも井筒も、そしてレヴィ゠ストロースも、言語の発生と呪術の発生を一つに重ね合わせていた。そのような起源の場を、客観的に研究するのではなく、主観的に表現する。井筒にそう教え諭し、自らそのモデル、詩人にして言語の研究者として生きたのが、井筒の二人の師である西脇順三郎と折口信夫だった。

第一章で論じた通り、井筒俊彦の学問と表現の起源には、西脇のシュルレアリスム、「超現実」の詩と詩論、そして折口の「古代学」が存在していた。井筒は、随想（「師と朋友」）のなかで折口についてこう語っている――「どことなく妖気漂う折口信夫という人間そのものに、私は言い知れぬ魅惑と恐怖とを感じていたのだった。危険だ、と私は思った。この「魔法の輪」の中に曳きずりこまれたら、もう二度と出られなくなってしまうぞ、と」。

井筒は西脇に師事しながら、西脇の命を受けて折口の「妖気漂う」講義へと毎回出席し、第一章で述べたように、西脇に折口の『古代研究』のエッセンスを伝えた。折口の講義は、西脇のみならず井筒にも大きな影響を与えたはずである。井筒は、西脇順三郎と折口信夫の学問と表現を、一つに総合することを可能にする立場にいたのである。それでは、その学問と表現の核心とは何か。井筒は、西脇の学問と表現の本質（エッセンス）について、西脇が慶應義塾大学で担当した言語学講義でソシュールとともに強いこだわりと愛着を持って取り上げた哲学者フレデリック・ポーラン――二〇世紀前半のフランス文学界を『新フランス評論』の編集長としてリードしたジャン・ポーランの実の父親――の著作、『言語の二重機能』に言及しながら、こう記録してくれている。

ポーランの『言語の二重機能』も、先生はかなり気に入っておられたようだった。言語の二重機能、フィールドつまり事物、事象を、コトバが概念化して、それによって存在世界を一つの普遍妥当的な思考の場に転成させる知性的機能と、もうひとつ、語の意味が心中に様々なイマージュを喚び起す、心象喚起の感性的機能との鋭角的対立を説く。今ではほとんど読む人もなくなってしまったようだが、読み方次第では、現代的記号論の見地からしても、なかなか示唆に富む小冊子である。（「西脇先生と言語学と私」『全集』第八巻、七一―七二頁）

西脇は、ソシュールやポーランの言語理論をもとに、詩的言語のみならず言語自体を二重の機能を持つものとして捉えていた（本書第一章）。井筒が、ポーランの『言語の二重機能』をもとにして語っているのは、西脇順三郎の詩的言語学の核心であるばかりでなく、折口信夫の詩的言語学の核心でもあった。そして自身がまとめた『言語と呪術』の骨格となる論理と呪術、外延と内包の対立そのもののことでもあった。折口信夫の大学卒業論文である『言語情調論』もまた、西脇順三郎の詩論にして言語論である『超現実主義詩論』と同様に、言語が持つ二つの側面、二つの機能を論じたものであった。言語の持つ直接性と間接性という主題である。そこに井筒俊彦による「哲学的意味論」にして詩的意味論の一つの起源が確実に存在している。

そしてもう一人、井筒が『言語と呪術』をまとめる上で理論的な柱としたオグデンとリチャーズの『意味の意味』から大きな刺激を受け、独自の言語論を練り上げていった人物がいる。吉本隆明である。吉本がまとめ上げた全二巻からなる『言語にとって美とはなにか』（一九六五年）、特にその理論篇である第I巻の冒頭で展開される、きわめて詩的であると同時にきわめて理論的な考察は、ある意味で、『言語と呪術』と瓜二つである。そこで吉本は、やはり言語が持つ二つの側面、自己表出性と指示表出性を厳密に区別する。その区別は、西脇とポーランによる言語の感性的機能と知性的機能という区別と完全に等しい。オグデンとリチャーズとともに、吉本が第I巻の冒頭で参照するカッシーラー、ランガー、そしてマリノフスキーは、そのすべてが井筒の『言語と呪術』でも参照されている。また第II巻全体を通して、詩から物語、さらには劇へと至る吉本による言語芸術の発生史において理論的な支柱になっているのは、一貫して折口信夫の営為なのである。折口信夫と西脇順三郎、井筒俊彦と吉本隆明。近代の列島に生まれた日本人の手になる独創的な言語理論は、ほぼすべて同一の系譜の上に成り立ち、またそれ故、同一の構造を持つものだった。そしてまた、その起源において、やはり「文学的内容の形式」を「認識的要素（F）と情緒的要素（f）との結合」から論じ尽そうとした夏目漱石による『文学論』の試みもまた共振している。

第四章　戦争と革命——大東亜共栄圏とイラン

「井筒俊彦」とは誰か

大東亜共栄圏のイデオローグ、大川周明が残した著作として、今日でも学問的に評価されている『回教概論』の大部分を書いたのは、井筒俊彦であった（本書第一章）。

そのことは、井筒もまた宗教的かつ哲学的に大東亜共栄圏構想を支えていたことを意味する。井筒俊彦の哲学は、大東亜共栄圏構想とともにはじまった。そして、その帰結として、井筒俊彦の哲学は、イラン革命を生起させたイランの哲学、「存在一性論」と深く結びつくこととともなった。井筒俊彦の哲学は、大東亜共栄圏とイラン革命を一つに結び合わせる、戦争の哲学にして革命の哲学であった。そのような事実を、なによりもいま、冷静かつ客観的に明らかにしていかなければならない。真の井筒評価は、そうした「おぞましさ」の直中でこそ果たされなければならない。それこそが井筒の哲学を未来にひらいていくことにつながるはずである（なお、本章を構成する前半部分は二〇〇〇年代初頭に書かれた論考にもとづいており、井筒評価について、現在とは若干異なった状況にあったことをここに記しておく）。

二一世紀は、黙示録的な恐怖とともに幕を開けた。二〇〇一年九月一一日の同時多発テロ。日本では「自爆テロ」という言葉がメディアを賑わしたが、諸外国、特に欧米のメディアはそのものずばり「カミカゼ」という言葉を使って、テロリストたちの行為を説明していた。身らの命を敬虔な信仰に捧げ、敵を屠る。第二次世界大戦中の神国日本の原理主義と、二〇世紀後半、資本主義グローバリズムの破綻によって生起したイラン革命に端を発するイスラームの原理主義が、ここに重ね合わされたのである。日本とイスラームの精神構造の類似性、それは一面の真理をついたものである。そして日本では、ふたたびイスラームへの関心が高まった（最初のイスラームへの関心の高まりは、言うまでもなく、「アジア解放」を旗印に掲げた大東亜戦争の時代である）。その時、人々は否応なく井筒俊彦の名を目にしたはずである。たとえばイスラームの信仰の根本を知るために、その聖典『コーラン』を繙いたときには、その翻訳者として。またソ連崩壊からアフガニスタン空爆、イラク侵攻に至る一連の中東動乱の真の原因、イラン・イスラーム革命の中核をになったシーア派の詳細を知るために必読である『イスラーム文化』や『イスラーム生誕』といった書物の著者として。

一九五九年、四〇代半ばから活動の場を海外に移した井筒は、日本よりも世界で評価された。最盛期には三十数ヵ国語を理解し、晩年でも「英、仏、伊、西《スペイン》、露、ギリシア、ラテン、サンスクリット、パーリ、中国、アラビア、ペルシャ、トルコ、シリア、ヘブライ」の諸語を駆使し、世界のあらゆる古典を原語で読み、東西の神秘主義思想に統一をもたらそうとした（後出、司馬遼太郎「アラベスク」中の引用より）。そのような知の世界における破格の巨人にしては、存命中も、また没後から二〇〇〇年代初頭にかけても、この日本ではそれほど知名度が高いとは言えなかった。たとえば、小説家である遠藤周作は、追悼文にこう記さなければならなかったほどである。「我々は世界に誇るべき大学者を失ってしまった」、そして「先生ほどの世界的な学者の死を新聞がなぜこう小さく扱っているのかが非常に不満であった」、と（『新潮』一九九三年三月号／『井筒俊彦ざんまい』所収）。おそらく井筒俊彦の学問のスケールは、日本という器では計りきれないのである。そしてたかだか一〇〇年しか歴史を持たない近代日本のアカデミズムに、優に一〇〇〇年以上の射程を持つその人物の思索の成果を、充分に活用する余地など望むべくもなかった。だが、幸いなことに、井筒の仕事に畏怖の念を抱いていた一人の作家が、井筒の死の直前、その思索の総決算とでもいうべき対話を残し、さらに美しい追悼文で、その生涯の軌跡を描き出すことに成功した。司馬遼太郎である。井筒俊彦と司馬遼太郎の対談は「二十世紀末の闇と光」として雑誌『中央公論』一九九三年一月号に、さらに司馬による追悼文は「アラベスク——井筒俊彦氏を悼む」として同じく『中央公論』一九九三年三月号に掲載された。

司馬は井筒のことを「二十人ぐらいの天才らが一人になっている」人物、「インドやイスラムをふくむ東西の哲学の全き理解者」、そのような意味では「おそらく世界の人文科学史上、唯一で最初のひとだろう」と評していた。そして、その学問に賭ける純粋さにおいても、空前絶後の人物である、と。だからこそ井筒はほとんど「人に会わない」ことで有名であった。

> おそらく、人になんぞ会っているいとまが惜しいほどに学問がおもしろかったから、門をほとんどとざしておられたのにちがいない。
> およそ学問を出世のてだてにするという功利性がなく、ひたすらに学問が好きだったということで生涯をつらぬかれた。権柄《けんぺい》なところは、みじんもなかった。
> （司馬遼太郎「アラベスク——井筒俊彦氏を悼む」『井筒俊彦ざんまい』所収、一七六頁）

このような井筒に対して日本の大学は確固たる地位を用意できなかった。だからこそ優秀な物理学者、数学者、生化学者が続々と海外に「頭脳流出」してしまったように、哲学者としては最初に海外に「流出」してしまったのである、と。「ヨーロッパの多くの名門大学で講義をし、最後にはイスラム神学の本場であるイランの王立哲学アカデミー教授としてまねかれ、その責任者になった。ホメイニ革命のとき、あやうく脱出された」。

そして井筒は、一九六九年から活動拠点の一つであり、自ら骨を埋めようと思ったイランの地に興った革命を「運命」と感じ、その「運命」に従い、進行中のすべての仕事を放棄して、一九七九年二月にイランを離れた。それは日本への二〇年ぶりの帰国であると同時に、文字通り井筒自身の学問の原点への回帰でもあった。そこには、今度こそ日本に落ち着いて、「これからは東洋哲学をめぐる自分の思想を、日本語で展開し、日本語で表現してみよう」（『意味の深みへ』の「あとがき」）という決心とも希望ともつかない「憶い」があったという。そして井筒は自ら書き記したその言葉の通り、イラン出国からその生を終えるまでの一〇数年のあいだに、イランのシーア派において特異な発展を遂げた神秘主義と思弁哲学が渾然一体に融合したイスラーム哲学を中心に据えて、ギリシア神秘主義思想、キリスト教神秘主義思想、ユダヤ・カッバーラー思想、インド・ヴェーダーンタ思想、中国老荘思想、さらには大乗仏教（唯識、華厳）、そして禅といった「東洋哲学」全体を、メタレベルで統合することを可能にするような、前人未踏の新たなアジア哲学構築の道へと邁進していったのである。その詳細について、井筒は司馬にこう語っている。「いま、私は東洋哲学全般を見渡すような哲学をつくりたいと思ってやっているんですけど、そのためには哲学的なメタ・ランゲージ、東洋的なメタ・ランゲージをつくりたい」、と。井筒の言う「東洋」はそのなかにギリシアさえも組み込んだものである。「ギリシアから中近東、インド、中国、日本までを一つの理念単位と措定して、それを「東洋」と呼んでいるわけなんです」、だから「私の構想している「東洋」のなかにはイスラームはもちろん、ユダヤ教も入っているし、インド、中国、そして日本、全部入ってくる。それにギリシア。そういうものを総合したような世界を考えて、その世界に通用するひとつの普遍的なメタ的な言語を哲学的につくりだせれば、理想的だと思っているんです」、と。

こうした井筒の言葉を受けて、司馬も井筒の哲学の本質を次のような見事な言葉でまとめている。

井筒さんの思索には、軸がある。古代インド哲学における最高価値である「空《くう》」（あるいは「無《む》」）である。が、その軸が、場合によってセム的な人格を帯びたヤハウェやアッラーにかわることがある。

両者を往来する方法としてギリシャ哲学を、いわば道具として用いられた。道具が軸になって、ギリシャのソクラテス以前の自然神秘主義を、〔空海が説いたような〕〝宇宙音声〟に似たようなすばらしい表現で体系づけられた。

ついには東西の思想が暗喩、もしくは明示した深層のなかに入りこみ、〝通《つう》人類的〟な深層を確認し、そこに普遍的な体系を構築された。（『井筒俊彦ざんまい』一七三頁）

そしてこのような井筒の哲学は、司馬遼太郎がその想像力を極限まで駆使して描き出した空海の姿（『空海の風景』）に共鳴し、交響してゆくのである。井筒は述べている。空海の曼荼羅を真に理解するためには、「プラトンのイデア哲学やピタゴラスの世界像」などを持ってこなければ不可能であろう。「私は、空海の真言密教とプラトニズムのあいだには思想構造上のメトニミィ関係が成立するだけじゃなくて、実際に歴史的にギリシア思想の影響もあるんじゃないかと考えているんです」、と（「二十世紀末の闇と光」『全集』第十巻所収）。プラトンでその頂点に達したギリシアのイデア観照論が、イランのイスラームとインドのヴェーダーンタを経ることによって、大乗仏教の一つの完成形態である空海の真言密教と通底する。このような井筒俊彦の最晩年の発言は、それ自体で日本人が持ち得た思想の一つの頂点であろう。

しかし、それは突然変異的に生まれてきたものではないのだ。アジア全土を統合する哲学への希求。その起源には、今まではあえて誰も直視しようとはしなかった一つの歴史的な背景が存在していたのである。井筒はそれについても、ほとんど何も隠すことなく司馬に告げている。それは、「世界大戦」という特定のある一時期に急速に勃興し、あらゆる学問領域に独自の統一をもたらした特異な日本思想——現在はまったくの忘却の彼方にある——だったのである。第二次世界大戦中の日本思想、つまりは「大東亜共栄圏」の哲学。具体的に名前をあげるとすれば、ユングの集合的な無意識を遥かに超える仏教的なアラヤ識のどん底、「西田哲学では「無底」といわれているものを抽出した西田幾多郎と「イスラームに対して本当に主体的な興味をもった人」大川周明である。大乗仏教の理念を最新のヨーロッパ哲学によって止揚した西田幾多郎と「大東亜共栄圏」のイデオローグとなったアジア主義者である大川周明。その二人の交点にこそ、井筒俊彦の起源が存在する。そして実にそこでは、イラン革命においてイランの民衆たちが目指したのとまったく同じく、ヨーロッパ的な主体性を脱して、アジア的な主体性をポジティヴに確立することが希求されていた。さらにそこでは、「主体」という概念そのもの、その根底となる「有」という概念さえ破壊されてしまうのである。根源的なアジア的主体性を確立すること、しかも「無」の場所として……。

京都学派と「世界史講座」

西田幾多郎と大川周明の交錯。つまりは西田哲学とアジア主義（そのなかには大川ばかりでなく、井筒が大きな影響を受けた民俗学者の折口信夫の一連の仕事も含まれる）の融合と統一。それは文献的にも確実に追ってゆける事実である。太平洋戦争末期の昭和一九年（一九四四）、弘文堂書房は、この戦争が切り開き、そこに建設されるはずの世界新秩序、新たな「世界史」の段階に思想的に対応することを可能にするために、哲学および思想界をはじめ諸科学、地理学や各地域研究の専門家を結集して、全七巻の巨大なシリーズ「世界史講座」の刊行を開始した。戦争末期の資材不足、さらには、おそらく、この講座の理論的な枠組みをつくった京都学派の哲学者たちと戦争指導部である陸軍との角逐といった影響もあり、実際に刊行されたのは、『世界史の理論』『日本世界史』『東亜世界史』『西亜世界史』『ヨーロッパ世界史(二)』の五冊であった。京都学派の哲学者たちは理論としてばかりでなく、陸軍の暴走に抗するため海軍幹部と極秘に接触し、実践的に「戦争」の意味を変えようとしていたのである。大橋良介著『京都学派と海軍』(PHP研究所、二〇〇一年)にその詳細が述べられている。現在はこのうち京都学派が担当した一部の歴史哲学論考だけが、燈影舎より『世界史の理論』として復刻されている。

そしてこの「世界史講座」において最も特異な一冊となった『西亜世界史』の巻、そのなかでも特にイスラーム関係の論考を一手に引き受け、精力的に執筆したのが井筒俊彦だった。すなわち、井筒の手になるのは「イスラム思想史」「マホメット」「アラビア科学・技術」の三編である。いずれも『井筒俊彦全集』第一巻に収められている。この三編の論考のなかに、井筒俊彦のイスラーム学の可能性がすべて、その萌芽の状態で含みこまれている。たとえば「イスラム思想史」では、井筒のテクストのなかにはじめて、まとまった形でのスーフィズムに関する言及が見出される。そしてそこに描かれたイスラーム神秘主義の骨格、その可能性は、井筒の晩年の思索に至るまで、一切変更されることはないのである。井筒はこう述べている。イスラームの神には、二つの相矛盾する性格が認められる。それを一言でまとめるとするならば「神の超越性と内在性」の問題である。イスラームの神学と哲学はただひたすら神の超越性を根拠づけようとしていた。しかし、敬虔な信徒たちはそれだけでは満足しないのだ。なぜなら神は限りなく慈愛に満ち、その存在は、われわれ自身の頸の血管よりも、われわれの「内」に近いと思われるからだ。ここに神の超越性と内在性は先鋭的に対立する。そして、この神の超越性と内在性というパラドクシカルな二面性を一つに調停し、なおかつ一つに結合させることができたのがイスラームでは唯一、スーフィーたちの神秘的な体験だったのである。そして井筒はペルシアの卓越したスーフィー、バーヤジード・バスターミーの名前を挙げ、その思想を次のようにまとめている。

スーフィーの神秘的体験に於てのみ、絶対的に超越的なる神はそのまま内在的となるのである。元来、神と人との間には越え難き無限の空隙があるが、その空隙は此の体験に於て無となる。しかし無限の空隙を消滅せしめることは相対者たる人間の為し得るところではない。人はただ絶対者の側からの働きかけを待つのみである。スーフィーが日夜を分たず勤め励む難行苦行の全ては、此の神の光を心に迎えるための準備に他ならない。そして念願果されて目も眩むばかりの光明が突如として心の壁を破って流れ込む時、彼の自己意識は跡かたもなく消えて、無限に遠い神は無限に近くなるのである。この時、見る者と見られるものとの区別は消滅し、在るものはただ神のみとなる。(『全集』第一巻、二九三頁)

さらに預言者ムハンマドの伝記である「マホメット」。この小論は、戦後、井筒がアテネ文庫の一冊として刊行する『マホメット』の直接の原型である。ただし、重要な結論部分で、その「預言者性」について、『マホメット』では削除されてしまった、同じセム系の預言者宗教から生まれたイエス・キリストとの鮮烈な対比をもとに、アジア西端に生を営んだ遊牧民の生態とより密着した特異なムハンマド像が描き出されている。一神教を生んだセム系の人々は「極端なる現実主義者、無比なるノミナリスト、己が感覚以外のいかなるものをも信用せざる烈しい感覚主義者」であった。この民族性をいかに超出し、そこにいかに普遍的な信仰の体系を打ち立てるのか。この点で、イエスとムハンマドは著しい対照をなしている。すなわちこのようなセム的な感覚主義、現実主義を超えるためには、「敢然としてこの感覚主義を克服し、此のセム根性を一挙に高く超越し去るか、或は逆に此の感覚主義を飽くまで深く掘り下げ、之に徹することによって、欠点と見えるセム根性に却って深い意義を与え、暗黒の底に沈んで更にそれをつきぬけ、全く新しい世界を伐り開くか」、いずれか一方の方法を選ぶしかない。前者の道を取ったのがイエスであり（「あの烈しい現実主義の真只中に在って而もよく「我が国は此世の国に非ず」と叫び得たイエス」）、後者の道を選んだのがムハンマドであった。ムハンマドは、砂漠の遊牧民が持つ極度の感覚主義を、「イエスの如く超越し克服せんとすることなく、反対にこのセム根性を完全に掌中のものとなし、自由自在に動かして全く違った方向へ導いて行った」のである――「彼は始めから世の常の人が呼んで徴《しるし》となす如き奇蹟を否定するのである」、そして「真の徴《しるし》は一見平凡と見えて人々の普通気付かぬほどの事にあるのだ。徴は天地至るところに在るではないか」と信者たちに説いた。すなわち――。

ムハンマドはありとあらゆる沙漠の事物生物をとり来ってその一つ一つが驚くべき奇蹟なることを縷々として述べる。だから、コーランは初めから終まで視覚的なイマージュに充満している。コーランは他に類のない感覚的聖典である。これにはアラビア人も深く感動しない訳にはいかなかった。かくて彼等の感覚主義は全く新しい方向に於て活用されるに至った。

（『全集』第一巻、二四七頁）

こうして砂漠の遊牧民の「感覚主義」は劇的に転換し、「神に向う門」となったのである。アジアの大地そのものに根ざしたムハンマドの生。その卓越した「預言者性」が余すことなく描かれている。

そして「アラビアの科学・技術」は、イスラームの限りのない包容性をあらわす「翻訳可能性」について、科学と技術を主題に述べられたものである。

若し中世紀にアラビア科学なるものが興って、ギリシヤの科学、印度の科学、更にバビロニア・アッシリア、エジプトの科学を摂取融合し、これに自己の創意を加えて独特の科学大系をつくり、之を西欧に伝えなかったとしたならば、ヨーロッパに此の名誉は与えられなかったであろう。（同上、二九六頁）

後年、井筒が確立しようとした「東洋哲学」全体のメタレベルでの統一という考えは、このような「翻訳可能性」による知識の拡大と統一というイスラームの営為を、思想の面からあらためて確認していったものに他ならない。

大川周明と二人のタタール人

井筒がイスラームの可能性として見出したもの。内在と超越を媒介する「精神性」、大地とかたく結び合わされた「預言者性」、アジアのすべての叡智を統一する創造的な「翻訳可能性」。これらは、すべて太平洋戦争中に刊行された「世界史講座」の段階で提出され、以降その最晩年に至るまで維持されていったのである。そしてまた、この「世界史講座」こそ、西田幾多郎の哲学と大川周明のアジア主義（さらには折口信夫の民俗学）を、最も見事な形に総合したものでもあった。西田も大川もさらには折口も、直接この「講座」には名前を連ねていない。だが、そこに執筆したメンバーはいずれも彼らと縁の深い人間たちばかりだった。先ほども触れたが、まずなによりもこの「世界史講座」全体の理論的枠組みをつくり、それを主導していったのはいずれも、西田幾多郎と田辺元に直接指導を受けた京都学派の第二世代、すなわち「世界史の哲学」を主張した、西谷啓治、高坂正顕、鈴木成高、高山岩男の四人だった。このなかでも、井筒は特に、西谷啓治と密接な関係――まずは学問的に、そしておそらくは個人的にも――を結んでいたようである。西田幾多郎と鈴木大拙に薫陶を受け、その凶暴なる「空」の哲学を最も過激に展開していった哲学者である西谷啓治。昭和七年の段階で、プロティノス、アウグスティヌス、マイスター・エックハルト、ヤーコプ・ベーメの思想を「神秘主義哲学」の一連の流れ、その極限（「無底」に至る超越）として位置づけ（『神秘思想史』）、さらに太平洋戦争勃発直前にはニーチェとエックハルトの主題を、根源的な「無」の主体性として構築し直し、ヒトラーのナチズムを内在的に乗り超えることを目指した哲学者であり、そして戦後においても一切の転向を拒否し、『ニヒリズム』において、さらに自らの「空の思想」を深めていった哲学者であった。おそらく、この西谷との関係を考えなければ、現在その系譜関係をまったく追ってゆくことのできない井筒俊彦の『ロシア的人間』、一九世紀ロシア文学を主題とした書物の正確な位置づけがまったくわからなくなってしまうであろう。『ロシア的人間』、それはプーシキンからはじまり、トルストイ、ドストエフスキーにいたる、原初的でエレメンタールなロシアの大自然のなかを、虚無という精神内部の暗黒を抱えながらメシア再臨を夢見、ディオニュソス的に生きた一連の文学者たちの列伝である。そこには極限にまで到達したニヒリズムと、それが完全に転換し、熱烈な「神への愛」となる思想のダイナミズムが存在していた。

西田幾多郎の四人の弟子たちに率いられた執筆陣のなかには、井筒の他に、肥後和男、原田敏明、松本信広、三品彰英、宇野円空などの名前を見出すことができる。彼らはいずれも柳田國男が創刊し、折口信夫もその精力的な執筆者の一人であった雑誌『民族』の常連であった。さらに柳田が民俗学のなかから「民族学」を切り捨ててしまったとき、折口とともに最後まで「民族学」を捨てなかった人々である。そして彼らはまた、アジアの地に展開された民族の詳細を調査するために、大川周明がつくりあげた東亜経済研究所と密接な関係を持っていた。井筒俊彦の出自もまたそこにある。第一章でも紹介した通り、昭和一七年（一九四二）一〇月、東亜研究所第五部回教班担当者として、井筒俊彦は『東印度に於ける回教法制』という小冊子を刊行している。その序文にはこうある。

> 東印度諸島を支配し、或はその住民と深く接触するためにはシャーフィイー派回教法の一般的原則の知識が必須である。実に回教法に対する相当の知識と理解と無くしては東印度諸島原住民の統治は不可能である。（『全集』第一巻、八七頁）

井筒のこのイスラーム法学についての一次資料に基づいた的確な報告は、大川周明の初期の見解を直接に引き継いだものである。

されば今後吾国が南洋方面に於て根柢ある経済発展を遂げ、且彼我の親密なる交誼を増進する為には、是非とも回教に関する智識を必要とする。斯くの如きは極めて明白なる道理なるに拘わらず、此方面に関する研究が尚お未だ等閑に附せられて居ることは、吾等の遺憾とし且怪訝とする所である。（「南洋と回教」大正六年［一九一七］、『大川周明関係文書』所収）

大川周明と井筒俊彦の関係。それはこのような「超国家主義」の側面からだけではなく、イスラームに対する主体的な取り組みといった観点からも、充分に跡づけることが可能である。井筒俊彦はその情熱において、正真正銘、大川周明の直接の弟子なのである。そしてまた、ある段階から井筒は、特にイスラーム法学における大川の師となったはずである。『回教概論』の刊行は、そうした関係性のもとではじめて可能となった。大川周明の営為は、まずムハンマド的な「生」という点で井筒俊彦の営為と、さらには「世界史の哲学」と響き合う。井筒俊彦は戦後、『西亜世界史』に書いた「マホメット」を発展させ、弘文堂のアテネ文庫から一冊の小著として刊行した（一九五二年)。強大で圧倒的な力を持つ絶対神の下す啓示に貫かれ、「異象」をその目に見、全自然が鳴動する黙示録的な感覚のただなかで「永遠の宗教」に想いを馳せながらも、それと同時にこの現実世界を限りのない闘争とともに生き抜き、「仮借なき政治性」によってこの地上に「政治と宗教とが渾然たる一体をなす新しい共同体」をうち建てたムハンマド。その生涯を異様な迫力を持って描ききったこの書物は、井筒なりの、戦時下の困難な一時期、新たなるアジア的主体の確立を夢見た一群の人々への密やかな挽歌だったように思われる。原著刊行から四〇年近い月日が流れ、講談社の学術文庫に収められる際、井筒はこう記しているのだ。

> この叢書のなかには、西谷啓治教授の『ロシアの虚無主義』をはじめとして、私自身の愛読書の数も多かった。だから、マホメットについて何か書いてみないかという勧めが編集部から来たとき、私は躊躇なしに引き受けて、一気呵成に書きあげたのだった。
>
> (『全集』第九巻、四一七頁)

世界史の新たな段階を、アジア的な「絶対無」の主体として生き抜くことを「世界史講座」の第一巻『世界の理論』の冒頭で高らかに宣言した西谷啓治。その西谷は、アテネ文庫『マホメット』刊行の頃、戦時中の発言の責任を問われ、すべての公職を追放されていた。

さらには、この『マホメット』の「序」に記された、異様な一節。

マホメットはかつて私の青春の血潮を妖しく湧き立たせた異常な人物だ。人生の最も華かなるべき一時期を私は彼と共に過した。彼の面影は至るところ私についてまわって片時も私を放さなかった。第一に生活の環境がそれを私に強要したのだった。朝起きてから夜床に就くまでアラビア語を読みアラビア語を喋りアラビア語を教え、机に向えば古いアラビアの詩集やコーランを繙くという、今にして憶えばまるで夢のような日々を送っていたその頃の私に、どうしてマホメットのことを忘れる暇などあり得よう。しかも精神的世界の英雄を瞻望して止まなかった当時の私の心には、覇気満々たるこのマホメットという人物の魁偉《かいい》な風貌が堪え難いばかりの魅惑となって迫っていたのだった。（『全集』第三巻、一八五頁）

井筒にアラビア語の魅力とイスラームへの深い関心を植え付けたのは、二人の「韃靼人」だった。ロシアに生まれたタタール人。いずれもイスラームに対する深い知識を血肉化しながら、革命政府と相容れることができず、国外に移住することを余儀なくされた導師である。一人はアブデュルレシト・イブラーヒム（一八五七―一九四四）、もう一人はムーサー・ジャールッラー（一八七八―一九四九）。イブラーヒムは頭山満や軍とも関係を持ち、イスラーム諸国を統合し、往年のサラセン帝国を現代に復活させようと志した汎イスラーム運動を主導した闘士である。そしてジャールッラーは、全身体的に、井筒に生きたイスラームの知識を注入した最初の偉大なる教師であった——「ムーサー・ジャールッラーの弟子時代が僕のイスラーム研究の第一段階だった。イスラームのウラマーの教授法に接した最初の体験だった」（ナスロッラー・プールジャヴァーディーによる証言、『井筒俊彦ざんまい』一〇一頁）。そして、このような二人の「韃靼人」にアラビア語とイスラームを学ぶ井筒を、精神的にもまた物質的にも援助したのが大川周明その人だったのである。井筒は司馬遼太郎との対話で、当時をこう回想している。

大川周明が私に近づいて来て、私自身も彼に興味をもったのは、彼がイスラムに対して本当に主体的な興味をもった人だったからなんです。知り合いになった頃、これからの日本はイスラムをやらなきゃ話にならない、その便宜をはかるために自分は何でもすると、私にいっていました。（『全集』第十巻、六一五頁）

井筒がつねにムハンマドの面影とともに生活していた時期とは、まさにこの二人のタタール人と二人の日本人——大川と井筒——がお互いに知り合い、学問的にそして同時に政治的にも、「精神的世界の英雄を瞻望して止まなかった」大東亜戦争勃発前後の頃に他ならない。そして大川周明もまた、井筒俊彦が『西亜世界史』に「マホメット」を書き、さらに戦後それを『マホメット』としてまとめるのとちょうど並行するような形で、自らもムハンマドの生涯をまとめることに強い意欲を燃やしていたのである。それはまず『回教概要』という書物となった（一九四二年刊行）。ただし、本書の冒頭にも記した通り、今日では、この『回教概論』の真の著者は大川ではなく井筒であることが分かっている。『回教概論』の第二章「アラビア及びアラビア人」、第三章「マホメット」は現在読んでも大変見事な記述である。大川すなわち井筒は、イスラームの生誕を、アラビア半島という特異な環境から説き起こす。ヨーロッパとアジアとアフリカの交点、さらには砂漠の遊牧民（「天幕の民」）と都市の商人（「屋壁の民」）の交錯からイスラームは生まれた。そこで「剣を執りて世界伝道を開始した」、「全能にして大慈大悲なる独一の神」アルラー（アッラー）の使徒ムハンマドは、「詩人でもあり、政治家でもあった」。されど「彼の本領は、一貫徹底して宗教家」であることに存在するのだ。「洗身と香水とを酷愛し、常に髪の手入れと、雪白の歯とを自慢していた」ムハンマド、すぐれて敬虔でありながらも「わが最も好愛するものは女子と香水なり」と言う預言者の姿（これはほとんど大川そのものであろう）に大川は、そしておそらくは井筒もまた、深い共感の念を抱き、そこに自らの進むべき理想像を仮託していたことは疑いえない。大川と井筒がムハンマドを介していかに深く共振していたかは明らかであろう。『マホメット』を書き上げた井筒と同様、大川のムハンマドへの想いは、東京裁判から一時的な「発狂」という奇禍を経ても決して薄らぐことはなかった。逆に大川の後半生とは、より強くなるムハンマドへの想いに染め上げられたもの、とさえ言うことができるだろう。たとえば、『安楽の門』に記された、次のような回想。

私はこの〔松沢病院の〕書斎に古蘭原典と、十種に余る和漢英仏独の訳本を自宅から取寄せ、昭和二十一年十二月一日から之を読み初めた。それは私が乱心中の白日夢で屢々マホメットと会見し、そのため古蘭に対する興味が強くよみがえったからである。

大川はこの古蘭（『クルアーン』）の読書をつづけ、場所を米軍病院から再び松沢病院に移し、今度はそれを日本語へと翻訳することをはじめた。ただし大川の『クルアーン』翻訳はアラビア語から直接翻訳したわけではなく、諸外国語訳を参考とした自分なりの重訳である（アラビア語からの直接の翻訳は井筒俊彦の作業をまたなければならなかった）。そして大川は二年の月日をかけ、『クルアーン』の翻訳と注釈を完成させた（一九五〇年刊行）。しかしこの作業も、来るべき長大な『マホメット伝』の準備作業にすぎなかった。大川は『古蘭』の「序」にこう記している。「古蘭は即ちマホメットなり」。つまり――。

古蘭の偉大は、此書が曾て地上に呼吸せる最大なる偉人の一人の性格並に生活を最も忠実に反映するが故にして……即ち古蘭を貫き流るるものは、真摯なるマホメットの生命なり、その真理を追い求めて止まざる熱意なり、万難を排して其の把握せる真理を護持せんとする勇猛心なり、而して聴くを欲せざる聴衆に向って其の把握せる真理を伝えんとする不退転の堅忍なり。

大川にとって古蘭の重要性、その最も高く評価される点とは、その一言一言が、「悉く一千三百余年以前にマホメット自身の口より出でたるを如実に今日に伝えたる」ことにある。だからこそ大川は古蘭（『クルアーン』）完訳のあと、イスラーム関係の自らの仕事を総合するかのような巨大な『マホメット伝』執筆に着手する。それは井筒俊彦が『マホメット』をまとめているのと、まさに同時期のことであった。しかし戦後の困窮のなか、使用済みの古原稿紙の裏面に書き連ねられた膨大なマホメット（ムハンマド）の伝記は、結局は大川の死によってその完結は永遠にかなわなくなった。そして大川の没後、全集の第三巻に収められ、はじめてその営為は日の目を見たのである。四〇〇字詰め原稿用紙六〇〇枚を超える、ムハンマドに対する無償の情熱……。このように預言者ムハンマドの生涯を通して、大川周明と井筒俊彦の「生」は互いに接近し、一体化していったのである。

だが、おそらくそれだけではないのだ。大川周明は、井筒俊彦が一つの完結をもたらした大東亜共栄圏のアジア哲学の、文字通り「原型」でもあるのだ。詩人でも、政治家でもあった、しかし

「一貫徹底して宗教家」であった、とムハンマドを評した大川の言葉は、なによりもまず大川自身に当てはまるものなのである。幸い、大川は自らの精神的自伝、そして宗教的遍歴の記録でもある回想記『安楽の門』を残している（このタイトル「安楽の門」とは大川にとって「宗教」を意味していた）。そこにあらわれた精神の型、その起源を明確にすることによって、アジア的主体性の一つの輪郭を描くことが可能になるであろう。大川の宗教的遍歴はキリスト教からはじまる。しかし大川は、時間の澱が堆積し、しかもアカデミックな「教義」を持った宗教に我慢ができない。大川が目指す宗教的な境地とは、より日常生活に結びついたもの、自らの感覚に密着し、しかしながらその感覚を無限へと高めてくれるもの、つまりは実感としての宗教である。大川は言う。「宗教とは無限の生命に連ること」である、そしてその「生命の本原は唯一無上の絶対者」として考えることができる。だがこの絶対者はすべてを超越しているわけではない。この絶対者、「そして無限者は宇宙に遍満して居り、且一切有限者を離れて無限は決して現前しない」。だからこそ「我」が、このような無限者と「融会」することこそが、宗教の真髄となるのである。それは「宇宙を「一」にして「全」なるものと直感」することである。このような宗教的な直感が、大川をインド哲学に導いていった。

大川にとって、自らのインド哲学の師、ヴェーダーンタ哲学の権威である高楠順次郎との出会いは決定的であった（「それにつけて想い起こされるのは高楠先生の親切である。……私は高楠先生の学風を偲び、また永く師恩を忘れまいために、此時のマクドネルの梵語文典を、四十余年の今日まで大事に蔵って来た」）。大川が、自らの実感として体得した、「一」即「全」である宇宙と、真の我との直接の融合。その直感にインド哲学は一つの真理をもたらしてくれたのである。

さて印度精神は既にヴェーダ時代に、逸早く万象の背後に潜む一如を把握し、次いで奥義書時代に至りて「我は即ち梵 Aham brahma asmi」、「汝は即ち其れ Tat tvam asi」という金剛不壊の真理を証悟して居る。

「汝はそれなり」。明治の末年、まだ東京帝国大学の学生だった大川は、高楠順次郎とその師であるマックス・ミュラーの探究をもとに、インド哲学の真髄から一気にイスラーム神秘主義の根源、「人と神との神秘的合一」(大川自身の言葉)へと飛び込んでゆくのである。明治四〇年(一九〇七)、高楠の兄弟子で、おなじくマックス・ミュラーに師事した南條文雄が翻訳したミュラーの『比較宗教学』(正式には『宗教学入門』)の第一章には、モンゴルの遊牧民に起源を持ち、アショーカ王以来二〇〇〇年ぶりにインドに統一をもたらしたムガル帝国皇帝アクバルの宗教政策の詳細が描かれている。敬虔なムスリムである皇帝は、その師である卓越したスーフィーの助言によって、イスラームとヒンドゥーを一つに結び合わせ、さらに諸宗教の導師(ユダヤ教、キリスト教、ゾロアスター教、仏教など)を宮廷に集め、そこで宗教に関する自由討論を為させ、諸宗教の融合を図った。そこには文字通り、東洋と西洋を一元的に結び合わせる思考の地平が開かれていた。イスラーム、特にスーフィズムによるアジア諸宗教の統一。大川の最も初期のイスラームに関する論考の末尾は、次のように記されている。

吾等は既に極めて無秩序ながらもスウフィズムの大略を述べたり。スウフィズムは殆ど基督教と云うを妨げず。少くとも、プラトー及新プラトー哲学を基礎とせる精神的基督教と同一の信仰を有す。スウフィズム信者自身は決してこの断定を拒まざる可し。彼等は常に耶蘇を至高のオーソリティーと呼び、新約の言語を自在に使用し、旧約の神話を借用す。若し今日に於て而く相敵視する基督教と回々教（殊に前者が后者に対する態度は偏狭且つ厳酷を極むると雖）とが他日手を握るの時ありとせば、スウフィズムこそ両者相会し相知り相助くる最良なる共通の地盤たる可し。（主としてマクスミュラーに拠る）（『道』第二五号、明治四三年五月、『大川周明関係文書』所収）

文化の翻訳可能性

ムハンマドに体現された「預言者性」、シーア派を基盤とする内的な「精神性」、そして「翻訳可能性」。この三点が、井筒俊彦のイスラーム理解の核心に存在している。そして井筒にとっても、この三つの視点が一つに重なり合う特権的な対象、それがイスラーム神秘主義すなわちスーフィズムの思想であった。そしてスーフィズムとは、なによりもイスラーム世界に根底的な危機をもたらした「翻訳」によって、しかもその「翻訳」を内的に消化することによって成立したものなのである。井筒はこう述べている。スーフィズムが本格的に組織化されはじめたのは、イランのクーファ地方であった。なぜならクーファの都とは、「宗派的にみて神秘主義に最も関係の深いシーア派の思想的本拠地であり、且つキリスト教ヘレニズムの一大中心地であった」からである(「イスラーム神秘主義」『イスラーム思想史』より)。シーア派の持つ内的な精神性、キリスト教神秘主義とそこに融合したギリシア、ヘレニズム思想の「翻訳」。それがイスラームの神秘主義思想の基盤を形づくったのである。この「翻訳可能性」を条件とするという点において、井筒俊彦のイスラーム理解は限りなく柔軟な構造を持つことになった。それは、ギリシア神秘思想をはじめ、アジア全土にわたる東洋哲学の叡智のすべてをそのなかに容れることが可能である巨大な「器」のようなものになったのである。その最もダイナミックな諸相は、井筒のほとんど最晩年に書かれたと言ってもいい、ペルシア生まれの卓越したスーフィーであるバーヤジード・バスターミーを論じた論考「TAT TVAM ASI(汝はそれなり)」に余すところなく明らかにされている(バスターミーについては本書第二章を参照)。ここにふたたびバスターミーの名前が登場すること、さらにはその表題が大川も大きな影響を受けたインド哲学の根本をあらわす概念によってまとめられていることは偶然ではない。

井筒はこの論考を、なによりもイスラームにおける「翻訳」とそれが引き起こした危機《クライシス》の問題からはじめている。

千数百年の歴史を通じてイスラームは何遍も、己れの存亡を賭した重大な危機に逢着した。私は政治や戦争の危機だけを考えているのではない。特にここでは思想史上の問題を考えているのだ。しかし大きな危機を経験し、それを乗りきるたびごとに、イスラーム思想は、豊富さと力強さとにおいて飛躍的進展をとげることに成功した。そこに私は宗教としての、また文化としての、イスラームの根強い生命力の発露を見る。アッバース朝最盛時におけるギリシャ哲学の流入と、同時代のインド思想の流入は、イスラーム思想史にとって、そのような意味での最初の大試煉であった。(『全集』第十巻、三〇四頁)

イラクのバクダードを都とし、東西にわたる大帝国を築き上げたアッバース朝イスラーム。哲学的にも高度の発展を遂げたその時期は、しかし逆に正統的な「イスラーム的なるもの」からすると存亡の危機でもあった。唯一絶対の一神教的な神の啓示にもとづく「イスラーム神学」にとって、理性をもとに森羅万象を分析してゆく「ギリシャ哲学」と、己を無とし大宇宙の原理への直接の還入を目指す「インド思想」は、その教義の根本においてイスラームと絶対に相容れない部分があるからだ。しかし、何人かの果敢な先達者たちは、イスラームにおける神の啓示を、内的かつ精神的に徹底して読み替えることによって、イスラームのきわめて人格的な「神」を、森羅万象の原因となるギリシア的な「理性」として、また大宇宙の根本的な絶対原理と真の我が究極において一致するというインド的な「梵」として、読解していったのである。これはイスラームを全アジアへ開いてゆくという雄大な営為であった。特にインド思想とイスラームとの結合は、そこにほとんど大乗仏教的とさえ言っても良いような空前の思想的地平を出現させることになった。そのような哲学を大成したのがバスターミーであった。井筒は、そう考えていた。

バスターミー以前、イスラーム神秘主義はギリシアの新プラトン主義、「プロティノス的な流出論とその動的神秘哲学」と、神への「愛」を重視した「シリアのキリスト教神秘主義」をその内に取り込み再編し直すことで、空前の思想的な高まりをみせていた。

神、すなわち至高至聖の「存在者」は全存在界の中心にあって燦爛と輝く光源であって、この光源から脈動しつつ迸出する光の波は悠遠宏大な宇宙に降り灑ぎ、明滅交錯して五彩に映えわたり煌く。故に人もまた内面に向って冥想を深め、物質的被覆を一枚ずつ破棄し脱ぎ棄てて行くならば、次第に聖光が直接にその魂を照徹して、遂には現象的存在の帳《とばり》は全て取りはらわれ、魂は神的光源そのものの中に消融し、忘我奪魂、神人冥合の妙境を窮めることができる……。（「イスラーム神秘哲学」『イスラーム思想史』〔『全集』第四巻、三四九頁〕）。

空漠たる無限の砂漠に、輝きわたる光の大伽藍。バスターミーは、このようなスーフィー的な「忘我奪魂、神人冥合」の境地、その神と人との関係性を、さらにインド思想、つまりはヴェーダーンタ哲学の根本テーゼをもとに読み替えてゆくのである。それは「Tat tvam asi」（「汝はそれなり」）という一文に集約される。井筒はそう宣言する。ここで「汝」とは個我、すなわち「個的人間の主体性の中心軸、いわゆるアートマン」のことであり、「それ」とは梵、すなわち「全存在世界の根源的リアリティ、万有の形而上学的最高原理、いわゆるブラフマン」のことである。結局のところ、アートマン（個）とブラフマン（宇宙）は、その存在の究極において、完全に一致するという思想である。この論理を、プロティノス的かつキリスト教神秘主義的な宇宙流出論に重ね合わせたとき、バスターミーの哲学は完成する。しかしこれを文字通り捉えるならば、スーフィズムとは「神人合一」を説く、イスラームにとっては絶対に許すことができない異端思想である。事実何人かのスーフィーたちは、異端の烙印を押され、無惨にも刑場の露と消えた。しかしバスターミーはこの「神人合一」を、神と人という絶対に並び立つことのない二つの要素（「ペルソナ」）が結合し融合するという形では捉えず、神と人それぞれが「無化」され、「絶対的に無化された主体性」としての人が、「神非在の空無の場所」に立つことによって、「我が神であること」と「神が我であること」のペルソナ転換の思想が可能になると説くのである。おそらくこれはイスラームがイスラームである限りでの、その極限の地に立つことである。井筒によって引かれたバスターミー自身の言葉。

「（神を求めて）私は現世を離脱し、神威性（jabarūt）の領域に入っていった。私は純粋霊性（malakūt）の海底深く潜り、神性の垂れ幕の向う側に進み入った。ところが、私がようやく高御座《たかみくら》まで辿りついてみると、どうだろう、驚いたことに高御座は空《から》だったではないか。私はそのままその上に身を投げ下ろして叫んだ、主よ、何処に汝を求めたらよろしいのでしょうか、と。すると、幕が巻き上げられて、私は見たのだ、私が私であることを。そう、私、私だった」（『全集』第十巻、三三五—三三六頁）

井筒はさらに続ける。この最後に「私！　私！」と語るのはバスターミーではない。バスターミーは徹底的に無化されて、そこでは神自らが語っているのである。もはやこのとき、バスターミーという主体はもうそこにはいないのだ、「バスターミーという人間の、人間的主体は空虚化し、その瞬間的無の場所に、さっきまで不在だった（「高御座は空《から》だった」）神の、神的な主体性が顕現する」のである、と。

光と闇の七万の帳《ヴェール》の奥にひらかれる「無の場所」。西田哲学をあからさまに想起させるような術語と、「高御座」という折口信夫的な語彙の結合。そこにひらかれる光の楽土。それは一〇〇〇年という時をさかのぼって、空海も確実に見たものであろう。これが日本に打ち立てられたアジア哲学の可能性のすべてである。

革命の哲学——イランへ

井筒俊彦が四〇年代にかけて練り上げていった大東亜共栄圏の哲学は、六〇年代後半から七〇年代終盤にかけてイラン革命の哲学へと通底してゆく。

井筒俊彦は、折口信夫が提起した「憑依」の神道と、鈴木大拙が提起した「如来蔵」の仏教を一つに統合した地点に、自身の「東洋哲学」の体系を構築した。そうまとめることは充分に可能であろうし、そのための根拠も充分にあるだろう。荒々しい野生の神憑りが、いまこの場で、無限にして永遠の存在である如来、すなわち無限にして永遠である神へといたる道、神へと変身していく方法を明らかにしてくれるのだ。そこに井筒俊彦の学問と表現の核心が存在している。

第二章で論じたように、そのはじまりの場所、『神秘哲学』は、プラトンとアリストテレスによって確立されたギリシア哲学の起源に舞踏神ディオニュソスによる「憑依」の体験を据え、その帰結にプロティノスによる「神秘」の体験、「一者」との合一、より正確に述べるとするならば、限りなく「一者」との合一へと近づいた体験を据えたものだった。「憑依」の体験を「神秘」の体験へと変成させていくこと、およびその過程《プロセス》。それを明確に言語化してくれたものこそが、井筒にとってのギリシアであった。

そして井筒は、生涯を通して、そうした「神秘」の体験、「一者」との合一によって可能となったプロティノスの「光」の哲学を手放すことはなかった。当初意図されていた「西洋」とは異なり、「東洋」へと大きく進路は変更されたが、遺著『意識の形而上学』にいたるまで、井筒はプロティノスによって形が整えられた「光」の哲学を参照し続けている。井筒思想のすべてにおいて、プロティノスの「神秘」の哲学が貫徹されているのである。

ということは同時に、井筒思想のすべての起源にディオニュソスが、あるいは「憑依」（神憑り）が、位置づけられることにもなる。

「憑依」という未曾有の体験が切り拓いてくれた地平に、プロティノスのいう無限にして永遠なる「一者」が顕現してくるのである。それが『神秘哲学』の持つ基本構造である。「一者」は人間を、あるいは自然を限りなく遠く超越しているとともに、人間に、あるいは自然に限りなく近く内在している。井筒は、『神秘哲学』の段階では、そこに「西欧神秘主義思想」の端緒を見出した。しかし、井筒が最終的にたどり着いたのは、「東洋神秘主義思想」の帰結であるイランのイスラーム、それを貫く「存在一性論」の世界であった。ディオニュソスが憑依する主体は預言者の系列、「イマーム」として読み替えられ、プロティノスが自身の体験として、その目を通してはるかに望んだ「一者」は総合的な神、「有」の神を生み出す絶対的な神、「無」の神として読み替えられていった。「存在一性論」は井筒の思想が到達した最後の場所であるとともに、その余波が現在にまでおよぶアジアのイスラーム、イランの地で磨き上げられた「霊性」による革命の原理となった教えでもあった。井筒俊彦の起源も帰結も、実は、きわめて政治性に満ちたものであった。戦前における大東亜共栄圏構想への積極的な参加、大川周明との関わりについて、最晩年の井筒は自由に語りはじめたが、自身がイランを去らなければならなくなった「存在一性論」を基盤としたイスラーム革命については結局、その死に至るまで、主体的に語ることはなかった。おそらく両者は、預言者を中心とし、「一者」——換言するならば「神」——を原理とした革命という点において深く共振し合っていたにもかかわらず……。つまり、井筒俊彦の起源とその帰結もまた、「霊性」による革命を志向した、あるいは志向せざるを得なかった、ヨーロッパ的な近代に否を突きつける運動と密接に関わっていたのである。その真の射程を浮かび上がらせることは、近代の日本そのものを再考していくことにつながるであろう。

イランの民衆たちがイスラームによる統治を掲げた革命に向けて大きな盛り上がりを見せるのと並行するかのように、井筒俊彦は、イランのイスラーム、「存在一性論」の探究の成果であるモッラー・サドラーの『存在認識の道』と『ルーミー語録』をともに日本語に翻訳し、世に問うた。いずれも自身が監修者となり、岩波書店から刊行された「イスラーム古典叢書」の一冊として、である。革命が生起する一年前、一九七八年のことであった。一方は哲学、一方は詩というところに、井筒の理解の方向性が示されている。哲学と詩を二つの極として持った「存在一性論」の世界を、井筒はさらに内的に深く掘り下げていく。その成果は、イランの革命から逃れるようにして日本に帰還した直後に講演した「イスラーム哲学の原点」を骨格とする『イスラーム哲学の原像』(岩波新書、一九八〇年)に示されている。イラン革命の進展と、井筒による「存在一性論」探究の進展は完全に並行していた。

第二章でも触れたが、ここでもう一度、『イスラーム哲学の原像』に沿う形で、その概要を示すとするならば、こうなる。イランの「存在一性論」とは、シーア派的な環境のなかで研ぎ澄まされていった神秘主義的な実践、スーフィズムが、プロティノスに淵源する「一者」からの流出を説いた哲学と一つに融合することによって成り立ったものである、と。神秘主義と哲学の融合というこの未曾有の事態は、一二世紀から一三世紀にあらわれた二人の卓越した思想家によって可能となった。そのうちの一人は、世界を光としての「本質」からなるものとして捉えた、イランに生まれたスフラワルディーであり、もう一人が、世界を唯一の「存在」が自己限定していくこととして捉えた、スペインに生まれたイブン・アラビーである。スフラワルディーの「本質」とイブン・アラビーの「存在」を一つに総合し、唯一の「存在」が個別の「本質」として自己限定することによって森羅万象あらゆるものが今このようにある、つまりは今このように顕現していると説き、「存在一性論」の体系を完成させたのが、一六世紀から一七世紀のイランを生きたモッラー・サドラーであった。

スーフィーたちが孤独な修行によって明らかにしてくれた意識の多層性が、哲学者たちが思索の果てに明らかにしてくれた存在の多層性に重なり合う。意識を深めていくことで存在の深み、森羅万象あらゆるものを絶え間なく生み出し続けている存在の根底、存在の「本体」たる「神」へと到達すること、「神」へと限りなく近づいていくことが可能になる。その「神」は、あらゆる個物としてある「多」を生み出す「一」なる存在よりもさらに深くあるもの、もはや、ただ「無」としてしか形容することのできない絶対的な存在であった。「無」として存在する絶対的な「一者」が、あらゆる「多」の基盤となる「一」、有として存在する統合的な「一者」へと転換する。そこから森羅万象あらゆるものが生み出されてくる。それが世界の真実《リアル》なのだ。「神秘」の体験に「哲学」の理論としての基盤が与えられ、「哲学」の理論は「神秘」として生起する体験に裏打ちされ、より確実なものとなっていった。

無から一を通して多へ。存在は段階を追って顕現してくるのである。「無」なる神は「一」なる神を監督・支配し（統治し）、「一」なる神は「多」なる個物を監督・支配する。監督・支配されることは、その代理となることでもある。「多」なる個物は「一」なる神の代理であり、「一」なる神は「無」なる神の代理である。監督・支配すること、つまりは統治することを「ウィラーヤ」と言い、代理することを「ヒラーファ」と言う。両者に、さらに神のごく身近にあるという意味を持つ「ワラーヤ」という言葉が重なり合う（ウィラーヤ、ワラーヤとも神の持つ属性、つまりは神名の一つである）。人間は「一」なる神の身近にあり、「一」なる神の代理となるとともに、「一」なる神に監督・支配される（統治される）。「一」なる神は「無」なる神の身近にあり、「無」なる神の代理となるとともに、「無」なる神に監督・支配される。

身近であること、監督・支配されること、代理となること。その連鎖が、「無」なる神から「一」なる神を経て、「多」なる個物、人間に至るまで貫かれている。そうした在り方、つまりは神の「法」をこの地上に伝えてくれた者こそが預言者であり、その預言者の血を引く一族が精神的な指導者であるイマームとして、可視の世界（第一一代のイマームまで）と不可視の世界を通じて（この地上からはいったん姿を消したが、来るべき次なる世界とともに君臨する第一二代イマームとともに）、現在に至るまでイランの民衆を率いているのだ。預言者は神の代理であり、イマームたちは預言者の代理である。預言者とイマームたちによって示された神の「法」を知悉する、あるいは知悉するようにつねに努めている法学者たちはイマームたちの代理として、第一二代の「隠れた」イマームがこの地上に再臨するまでイランの民衆を監督・支配すること、すなわち統治すること、「ウィラーヤ」を行うことが許されている。ホメイニーが提唱し、イランのイスラーム革命を導いた「イスラーム統治論」（イスラーム法学者による監督・支配）の源泉には、「存在一性論」の世界観があった。「存在一性論」がイラン革命を可能にしたのである。

有限で「多」なる人間たち、イランの民衆たちと、無限で「一」なる神の間は、段階を経ながらも、法学者たちを介して、ダイレクトに結ばれることになる。法学者たちもまた、聖なるイマームたちの代理にすぎず、ごく普通の人間たちであるとするならば（ただ神の「法」の詳細を知るという一点だけで一般の人間たちと異なるだけである）、イラン革命の目指すところは人間の「法」による統治ではなく、神の「法」による人間たちの統治なのである。「法」とは、人間たちが創り上げたものではなく、神から与えられたものなのだ。そこでは、当然のことながら、人間的な君主制は否定されることになる。神を媒介とした古代的かつ反動的でありながらも未来的かつ革新的な君主政体を確立することが目標となる。ある意味において、イランの革命で目指された神を媒介とした民主政体とは、スピノザが、『エチカ』を土台として『神学・政治論』で素描した政体ときわめて類似するものとなるだろう。

井筒の教えを直接的、間接的に受けた二人の研究者、黒田壽郎の『イスラームの構造』と松本耿郎の『イスラーム政治神学——ワラーヤとウィラーヤ』は、井筒が直接論じることを避けた、「存在一性論」が持つ政治性に、ともに注目する（ここまで論じてきたイラン革命と「存在一性論」の関わりについては、松本の著作にもとづき、その内容を要約したものである）。「存在一性論」の哲学は詩と密接な関係を持つだけでなく、政治ともまた密接な関係を持っていたのだ。黒田は、狭義には神の唯一性を意味する「タウヒード」を、あらゆるものを「一」の地平、「一」の視点から見る〈一化の原理〉と捉え直す。「一」なる神のもと、すべての個物には、それぞれが持つ平等性（等位性）、差異性、関係性が貫徹されている。森羅万象あらゆるものは、「一」なる神のもと、それらが持つ差異性を平等に認められ、それゆえに、あらゆる関係性を自由に結び合うことが可能になる。国家という軛を逃れ、神の「法」（シャリーア）を基盤とした、聖なる信仰の「共同体」（ウンマ）が創出される。等位性、差異性、関係性の三幅対からなるタウヒードを理解するために、特権的に参照すべき事例がある。そう黒田は書き記している。

……タウヒードの三幅対は、イスラームの構造を理解するために基本的なものであり、それはそれ自体として理解されるべきであるが、われわれは幸運なことに、それが位置する地平とほぼ共通の場で思想を展開している一人の哲学者の著作を見出すことができる。それはユダヤ教から破門され、同時にイエス・キリストの神性を認めることなしに、より普遍的な自然観を基盤に神を模索したスピノザの思索の跡である。それぞれの人間の差異性をその属性の様態として捉えながら、同時に個別者の等位性、関係性を説く彼の存在論の骨格は、イスラームのタウヒードが提示している世界観とまさに瓜二つなのである。（『イスラームの構造』）

井筒は、「存在一性論」の持つ政治性を正面から論じたことは一度もなかった。しかし、黒田がここに提示したようなスピノザ的な唯一の実体（つまりは神、正確には神即自然）とその実体が持つ無限の属性、さらにはその属性が変様することで可能となった個別の様態という、いわゆるタウヒードを構成する三幅対の萌芽となる考えを、すでに『イスラーム哲学の原像』のなかで示していることもまた事実である。井筒はこう述べている。思考の世界、概念の地平においては「本質」は「存在」に先立ち、現実の世界、実在の地平においては「存在」は「本質」に先立つ。それをあざやかに自分に示してくれたのは、「存在一性論」をフランスに紹介した今は亡きアンリ・コルバンが、現代における「モッラー・サドラーの再来」とまで評価した「メシュハド大学教授アーシュティアーニー教授」であった。教授は、こう言っていた。

われわれがひとたび思考の世界から実在界に立ち出てみれば、事情はがらりと変ってしまう。そこでは存在は唯一絶対の形而上的普遍者であって、他の何ものの属性でもなく、むしろ逆に他のあらゆるものがそれの様態、それの属性として現われてくるのだ。（『全集』第五巻、五二三頁）

アーシュティアーニーの哲学上の師こそが、イラン革命の政治的な指導者、ホメイニーその人であった（松本前掲書による）。ホメイニーが実現したイスラーム革命とは、イデアとして存在する神を原理に据えた革命であった。唯一の実体として存在する「無」なる神、無限の属性を本質としてもつ「一」なる神、それらが具体的に変様することで、やはり実在として顕れ出でる感覚的で「多」なる個物。すべては連鎖し、すべては連続しているのである。そのような理念を、現実の政治として生きたときに、どのような事態が生起してくるのか。その点にイランの革命の可能性も不可能性も存在していた。それは同時に、近代日本を成り立たせた復古にして維新、明治の革命が持つ両義的にして二面性とも重なり合うはずだ。

近代日本が生み落とすことができた、近代日本そのものを体現する知性である井筒俊彦は、人生においても思想においても、近代に抗する政治神学が持たざるを得なかった可能性と不可能性の両義性にして二面性を生きざるを得なかったのだ。

「霊性」のアナキズム、「霊性」のファシズム

井筒が「存在一性論」の世界をはじめて日本語として紹介し、その内実をさらに深めていくのと共振するかのように、イランにおける革命の高まりに熱烈に反応し、その革命の持つ特異なあり方

をヨーロッパに紹介した、フランスに生まれた一人の思想家がいた。ミシェル・フーコーである。フーコーがイラン革命を主題として書いた一連のルポルタージュ、対談等は、高桑和巳の邦訳によって、筑摩書房から刊行された『ミシェル・フーコー思考集成』のⅦ巻およびⅧ巻に収められている。以下、基本的にそれらを引用し、参照している（ただし、ごく一部注記を加え、語句を変更したところもある）。

フーコーがイラン革命に震撼させられ、魅惑されたのは、それが軍事的な装置、前衛的な党組織をまったく持たない「社会全体の蜂起」であった点にある。イスラームへの信仰が完全に「集団的な一個の意志」、民衆たちの革命への意志として結晶し、世界に向けて表現され、それが現実の国家、現実の政治的な配置、インターナショナルな権力関係を根底から転覆させてしまったのである（その淵源に特異な哲学、「存在一性論」があったことまではさすがに触れられてはいないが……）。

革命の高まりのなかで、フーコーはこう記す。この革命は、「おそらくは、惑星規模《プラネタリー》な諸体系に対してなされたはじめての大蜂起であり、反抗の最も近代的な、また最も狂った形式であろう」と（「反抗の神話的指導者」より）。ヨーロッパとは物理的に異なった「外」の地で、ヨーロッパとは精神的に異なった「外」の方法を用いてなされた革命。フーコーは革命が反動化した後も、その蜂起が持っていた特異性を擁護し続ける。フーコーにとってイラン革命についての総括的な報告となった記事（「蜂起は無駄なのか？」）においても、イランの民衆たちの蜂起は「歴史」に属しているとともに、

「歴史」から遠く逃れ去っていこうとするものだ、と謎のような断言を書き残している。イランでは、イスラームの信仰にもとづいて一個の特異性、集団的な特異性にして集団的な主体性が形づくられ、それが「歴史」に挿入され、そのことによって「歴史」が再生されたのだ。そう記してさえいる。共同体を形成するあらゆる成員に「無」の神が共有され、聖なる共同体が生起したのだ。

イランの人々が還ろうとしていたのは、預言者ムハンマドが断行した革命、その結果として預言者ムハンマドがこの地上に生み落とした理想の社会、原初の信仰共同体である。イランでは、預言者の血を引く聖家族に連なる人々が、物理的な支配者（カリフ）に根底から否を突きつける精神的な指導者（イマーム）として、何度もそうした不可能な試みに挑み、高貴なその命を落としてきた。現実の体制に対する反抗にして蜂起は繰り返されてきたのである。反抗は、蜂起は、「歴史」のなかで可能になるとともに、「歴史」を乗り越えて行こうとする。しかし、果たして、そのような革命は、ただイランだけに起こったことだったのであろうか。イランに先んずる形で、この極東の列島、日本に生起した明治の維新とは、まさにそのような革命ではなかったのか。古代的で反動的で排外的な側面と、未来的で革新的で開放的な側面が渾然一体となった「霊性」の革命ではなかったのか。

だからこそ、ある意味において、近代を生き抜いた典型的な日本人の一人であった井筒俊彦が、これほどイランに引き寄せられていったのではないのか。若き井筒のイスラームへの関心、アラビア語の学習は、当時の政治性を抜きにしては考えることができないものであった。東アジア共同体、大東亜共栄圏にイスラームの勢力を取り込むことも、それを画策することも、国家規模の関心と予算なくしては不可能であった。その一つの焦点は、アラビア半島に宗教的な革命——同時にそれは政治的かつ経済的な革命であった——を引き起こし、それを瞬く間に世界へと広げていった預言者ムハンマドという存在に絞られていたはずである。ムハンマド（マホメット）は、「政治と宗教とが渾然たる一体をなす新しい共同体」を創出したのだ。井筒による『マホメット』は、預言者による革命の詳細を、ただそれだけを、描ききったものだった。第二章にも引用したものであるが、そこには、次のような光景が描き出されていた——。

散乱する偶像どもの破片残骸の只中に立ち、カアバの戸柱に脊をもたせかけて、マホメットは参集して来た信徒達に宣言する。「今や異教時代は完全に終りを告げた」と。「従って、異教時代の一切の『血』の負目も貸借関係も、その他諸般の権利義務も今や全く清算されてしまったのである。また同様に、一切の階級的特権も消滅した。地位と血筋を誇ることはもはや何人にも許されない。諸君は全てアダムの後裔として平等であって、若し諸君の間に優劣の差があるとすれば、それは敬神の念の深さにのみ依って決まるのである」と。（『全集』第三巻、二四七頁）

井筒によって幻視された、タウヒードにもとづいて生起した革命、神的な社会主義革命の原光景である。おそらく、この小著の起源は、第二次世界大戦中、井筒のアラビア語学習にまでさかのぼるはずだ。そのとき井筒を経済的、精神的に支援していたのは、やはりイスラームの預言者性に深い関心を抱いていた大川周明であり、近代的な天皇制をそのなかに取り込んだ形での汎イスラーム主義、東アジア共同体のあり方を模索していた、ムーサーら敬虔なムスリムたちであった。預言者も天皇も神の聖なる言葉を聴き、自らの身にその聖なる言葉を預かり、それをもとにして現実の政治を変革していく。神の言葉に憑依された特異な主体が切り拓いていく認識の地平、精神と物質がもはやその区別を失う根源的な場に顕現してくるものこそが、「無」と「有」をその一身に兼ね備えた神、万物に超越するとともに万物に内在する「一者」であった――ちなみに、『神秘哲学』が刊行されたときにはまだ存命であった折口信夫は、そのような「一者」を『古事記』の冒頭にあらわれる非人格的な内在神、神即自然である「産霊《むすひ》」として定位していた(本書第六章)。

預言者にはじまり「一者」に終わる。それが井筒思想の帰結でもある。そのような井筒思想の到達点である「存在一性論」の構造を論じた『イスラーム哲学の原像』の「序」に、井筒は、こう記している――。

この形而上学に結晶しているものは、いまもいったように、著しくイスラーム的な、つまり絶対一神教としてのイスラームに独特な、思惟形態であるが、しかしそれと同時にまた、中近東・インド・中国のすべてを含めた広い意味での「東洋」哲学のなかに、到るところ、さまざまに違った形で繰り返し現われてくる東洋的思惟の根源的パタンでもある。この点から私は、すぐれてイスラーム的な存在感覚と思惟の所産であるこの形而上学を、たんにイスラーム哲学史の一章としてではなく、むしろ東洋哲学全体の新しい構造化、解釈学的再構成への準備となるような形で叙述してみようとした。（『全集』第五巻、三九二頁）

われわれに超越するとともにわれわれに内在する「一者」、「無」の側面と「有」の側面を矛盾しながらも併せ持った「一者」。それが「東洋的思惟の根源的なパタン」を形づくり、さらには「東洋哲学全体の新しい構造化」にしてその「解釈学的再構成」を促すのだ。井筒が、ここに抽出している「一者」の在り方は、遺著となった『意識の形而上学』で主題的に論じられることになる『大乗起信論』が説く「如来蔵」としての「心」、その「心」が持つ二面性にして両義性と等しい。人間のみならず森羅万象あらゆるものは、「如来」となるための可能性、「如来」となるための種子を、あたかも胎児を孕んだ母胎のように、その「心」のなかに秘めている。「如来蔵」としての「心」は、あらゆる意味を超え出た、清浄で無垢な「空」としての側面（「心真如」）と、そこからあらゆる意味が産出されてくる、迷妄に汚染された「有」としての側面（「心生滅」）を、同一でもなく差異でもなく（起信論の原文では「非一非異」）という形で兼ね備えている。『大乗起信論』が説く「心真如」と「心生滅」の関係は、イスラームに生まれた「存在一性論」が説く「無」の神（絶対的一者）と「有」の神（統合的一者）の関係と等しい。実際、「存在一性論」の可能性を論じた英文著作、『存在の概念と実在性』に収録された講演のなかで、井筒自身が、「存在一性論」が説く「無」の神（絶対的一者）を、『大乗起信論』が説く「如来蔵」としての「心」と同定している。黒田壽郎の証言によれば、井筒が「存在一性論」の体系を、『大乗起信論』に由来する語彙で読み解いていったのは、エラノス会議に井筒が参加をはじめる（一九六七年）以前にまでさかのぼる（本書第二章）。「存在一性論」と『大乗起信論』の類似性の発見、そこから井筒俊彦の「東洋哲学」がはじまっているのである。

井筒の遺著が刊行される一世紀近く前、やはり『大乗起信論』が説く「如来蔵」の思想を、極東の列島に伝わり、変容し、定着した「東方仏教」の根幹に据えた人物がいた。鈴木大拙である。大拙は、『大乗起信論』を漢語から英語に翻訳し（一九〇〇年）、それにもとづいて巨大な英文著作、『大乗仏教概論』（一九〇七年）を書き上げた。『日本的霊性』（一九四四年）は、そうした大拙思想の到達点として位置づけられる。大拙が説く「霊性」としての心、「如来蔵」としての心は、大拙の営為から一貫して影響を受け続けた――厳密に言えば相互に影響を与え合った――西田幾多郎の哲学と同様、アナキズムとファシズムの間を大きく揺れ動く。「如来蔵」はすべての人間、さらには森羅万象あらゆるものに平等に孕みもたれている。そこから仏教社会主義にして仏教全体主義が生み落とされる。大逆事件の時代にはアナキズムの原理となり、大東亜共栄圏の時代にはファシズムの原理となった。

そこに、そうした歴史的事実に、ヨーロッパとは異なった、「霊性」による革命――絶対的一者による革命にして「如来蔵」による革命――によって生まれた特異な政体、政治と宗教を明確に区別することが不可能な政体の持つ可能性も不可能性もともに包み込まれているはずだ。「存在一性論」、あるいは「如来蔵」の哲学（華厳的な光のネットワークはそこから生まれた）は、超越的かつ侵略的な「帝国」の理論ともなり、内在的かつ平等的な「民主」の理論ともなる。

折口信夫の「憑依」の神道と鈴木大拙の「如来蔵」の仏教は、井筒俊彦の「神秘」の一神教として総合される。その系譜を解体し、再構築していくことは、日本の近代を解体し、再構築していくことにつながるはずである。今日、『大乗起信論』が体現する特異な大乗仏教思想、万物に超越する「如来蔵」（「無」の神）と万物に内在する「如来蔵」（「有」の神）の矛盾的な統一という事態は、インドではなく、翻訳と解釈が何層にも重なり合う中国においてはじめて可能になったと推定されている（大竹晋『大乗起信論成立問題の研究――『大乗起信論』は漢文仏教文献からのパッチワーク』国書刊行会、二〇一七年）。

本来は、決して相互につながり合うことのない二つの極が、翻訳と解釈を通して、創造的に、あるいは折衷的に、統合されたのである。それゆえにまた、空間的かつ時間的な制約を乗り越えて、大陸から半島、さらには列島に伝わり、根付いたのであろう。そうであるならば、そのような混在の地から生まれた井筒俊彦の「神秘」の哲学をあらためて解体し、再構築することもまた、より混在が深められた、さまざまな空間とさまざまな時間が一つに交わる地平、翻訳と解釈がさらに何層にも重なり合ったグローバルな地平で執り行われなければならないだろう。

第五章　東方《しののめ》の光の哲学——プロティノス・華厳・空海

エラノス——シャマニズムから禅へ、華厳へ

井筒俊彦は、ルドルフ・オットーとカール・グスタフ・ユングが創立に深く関わったエラノス会議に、一九六七年に正式な講演者として招かれてから一九八二年まで、東洋思想の諸潮流をめぐって講演を続けた。エラノスは古典ギリシア語で、円卓を囲んで談笑し合う一種の「会食」を意味し、スイスのマッジョーレ湖畔で、毎年の夏の終わりの一〇日間ほど、選ばれた講演者と選ばれた聴衆によってその運営が続けられてきた。

井筒にとってエラノスが始まった年と終わった年の二回、井筒はやはりエラノスの正式の参加者であり講演者であったミルチャ・エリアーデと出会っている。井筒とエリアーデの邂逅はまったく

の偶然である。しかし、そこにはある種の運命的なものが感じられる。エリアーデにとっても、井筒にとっても、生涯をかけて探究した主題の一つがシャマニズムであったからだ。
後に井筒は、自身にとってのエラノスを、こう回想している。

要請されるままに、私はその後約十五年間、ほとんど毎年、東洋の宗教や哲学についての講演を続けた。禅のことは勿論だが、そのほかに老荘の形而上学、孔子の意味論、ヴェーダーンタ哲学、華厳、唯識などの存在論・意識論、易の記号論、二程子・朱子に代表される宋学、楚辞のシャマニズム等々。今から振りかえって見ると、まことに夢のように楽しい、しかし私自身の学問形成にとってこの上もなく実りの多い人生の一時期であった。（「「エラノス叢書」の発刊に際して」『全集』第十巻、四四〇頁）。

エラノスに参加するようになった直後から、井筒は日本を離れた。一九六九年には慶應義塾大学教授を退任し、カナダのマギル大学に迎えられ、その後、イランの王立哲学研究所に迎えられた。そして、イラン革命によって日本への帰還を余儀なくされ、日本を拠点として日本語を用いて東洋思想全体に及ぶ「共時的構造化」を試みた『意識と本質』の雑誌連載を終えた直後に、今度は井筒自身がエラノスから身を退いたのである。井筒にとっては、エラノスとともに、世界という視点から東洋を捉え直すことが可能になり、その成果を『意識と本質』としてまとめることが可能になった。

シャマニズムは、『意識と本質』においても、最も重要な一つの切断線を形づくっている。東洋哲学の伝統のなかで「本質」を徹底して否定する流れと、「本質」を深層意識のなかにひらかれる「根源的なイマージュ」として肯定する流れとの間の切断線としてシャマニズムが位置づけられている。大乗仏教のなかで、相対立するこの二つの流れを代表させるとするならば、前者が禅、後者が密教となるであろう。禅が色彩を否定し尽くす無彩色の教えであるとするならば、密教は色彩を満ち溢れさせる極彩色の教えである。『意識と本質』で言及された偉大な師の名をそれぞれあげるとするならば、禅は道元、密教は空海となる。

意識のなかにひらかれる無彩色にして「無」の領域と、極彩色にして「無限」の領域、道元の禅と空海の密教を、シャマニズムという深層意識を探究する技術が、二つに切り分けると同時に一つに結び合わせるのである。『意識と本質』の核となるのは、東洋思想を代表する大乗仏教のこの二つの流れ、深層意識における「本質」の否定と「本質」の肯定との間の対立と融合という主題である。なぜこの二つの流れが対立しながらも融合するのかと言えば、井筒にとって道元の禅も空海の密教も、ともに華厳的な世界観を共有していたからである。空海も道元も、華厳を読み込んでいた。シャマニズムは深層意識に華厳的な光景をひらく。無限に重なり合いつつも一つに融け合う光（華厳）によって、「無」の白色（禅）と「無限」の多色（密教）が通底し合うのだ。

『意識と本質』の構造

『意識と本質』が、一読してきわめて難解な印象を与えるのは、「本質」の否定と「本質」の肯定というこの根本的な二つの対立に、まずは「本質」の概念をめぐる二つの対立が、次いで「本質」の肯定をめぐる三つの方法の対立が、重ね合わせられているからである。対位法的な思考が重層化されているのだ。さらに『意識と本質』には目次も章立てもない。井筒の無意識が発露するままに論が進められていく。

しかしながら、『意識と本質』を繰り返し注意深く読み返してみれば、構成の点においても、分量の点においても、上記のような、「本質」の否定と「本質」の肯定との対立を核として読み解いていくことは充分に可能である。まず手始めに、ⅠからⅫまでの全一二章からなる『意識と本質』の全体像を簡単に整理しておきたい。

Ⅰでは、「本質」のない世界と無数の「本質」によって形成された「もの」の世界、言い換えれば、意識の深層にひらかれる絶対無分節の次元での「存在」と、意識の表層で千々に分節された次元での「存在」が対比的に論じられている。「本質」の否定と「本質」の肯定との根本的な対立である。「東洋の哲人」とは、こうした相矛盾する二つの世界、意識の深層と意識の表層、「本質」の否定と「本質」の肯定を同時にその目にすることができなければならないのだ。この一節こそ、『意識と本質』が始まる地点であるとともに終わる地点、アルファでありオメガである。

しかしながら、Ⅰを受けたⅡにおいて論じられるのは、今度は「本質」をめぐる二つの対立である。古代ギリシア哲学を消化吸収して形をなした中世イスラーム哲学において、「本質」は二つに分けられる。「フウィーヤ」と「マーヒーヤ」である。「フウィーヤ」は個物の絶対的なリアリティである個体性、「このもの性」を意味し、「マーヒーヤ」は個物の普遍的なリアリティである概念性を意味していた。具体的な個物か、普遍的な概念か。こうしたイスラームの思弁哲学が流入して形をなした中世キリスト教のスコラ哲学において、「本質」をめぐるこの二つの対立は大きな問題となった。

続くⅢでは、まずⅡで提起された二つの「本質」に対して「存在」がどのような位置を占めるのかが論じられる。「本質」と「存在」は対立しつつも相関する二つの概念だった。今度は「本質」が「存在」に先立つのか、あるいは「存在」が「本質」に先立つのか、という議論になる。当然のことながら、現代においても解決がついていない問題である。しかもⅢでは、「本質」と「存在」の関わりが論じられるだけではない。「存在」もまた「意識」と相関する概念であり、「意識」と「本質」をめぐって、そこには二つの層と三つの考え方が区別されるという。

「本質」を把握する――つまりは「本質」を肯定する――ための二つの層（深層と表層）および、以下に述べる三つの方法である。井筒は、こう整理している。「本質」を肯定するための三つの方法の第一番目、意識と存在の深層に「理」が存在すると考える。第二番目、意識と存在の深層に「根源的なイマージュ」が存在すると考える。第三番目、意識と存在の表層に「名」が存在すると考える。

冒頭からのこの三章までが、『意識と本質』のいわば序論をなしている。そうであるならば、以下に続くⅣからⅫまでの九章が、『意識と本質』の本論である。『意識と本質』の本論では、序論のⅢで提起された「本質」を肯定するために東洋哲学が生み出し、磨き上げてきた三つの方法が順に論じられていく。しかし、それらのなかでも、井筒が最も重視しているのは第二番目の方法、意識と存在の深層に「根源的なイマージュ」が存在する、という考え方である。第一番目の方法、意識と存在の深層に「理」が存在するという方法（マラルメの詩学と中国宋代の儒教の「格物窮理」の論理に代表される）、および第三番目の方法、意識と存在の表層に「名」が存在するという方法（中国古代の儒学すなわち孔子の「正名論」とインド古代のニヤーヤ・ヴァイシェーシカ学派の存在範疇論に代表される）は、それぞれ『意識と本質』の本論の始まりにあたるⅣと終わりにあたるⅫという、各々ただ一章分を使って論じられるに過ぎなかったからだ。

それに比して、「本質」を肯定する第二番目の方法、意識と存在の深層に「根源的なイマージュ」

が存在するという方法こそ、Ⅷ、Ⅸ、Ⅹ、Ⅺの四章分を使って、つまり『意識と本質』のなかで最も分量を使って、論じられているものなのだ。そして、その直前のⅤ、Ⅵ、Ⅶの三章分を使って、つまり『意識と本質』のなかで二番目に分量を使って論じられるのが、「本質」を否定する東洋哲学の方法、すなわち禅の方法だったのである。

意識と存在の深層に「根源的なイマージュ」が存在することを論じたⅧ、Ⅸ、Ⅹ、Ⅺの四章において、井筒は、そのような事態を生起させる対象として、大乗仏教の密教以外にも他のさまざまな方法について言及している。シャマニズムによって産出される内的なイマージュ、中世イスラーム神秘主義哲学のスフラワルディー的な光、ユングの深層心理学的な原型、中国の易、空海のマンダラ、中世ユダヤ教神秘主義哲学のカッバーラー（カバラ）のセフィーロート等々。それに先立つⅤ、Ⅵ、Ⅶの三章で一貫して禅的な思考方法が論じられていることとは対照的ではあるが、あえて禅と対応させるとするならば、この四章では、広義の密教的な思考方法が論じられているとまとめてもよいだろう。「本質」を否定する禅的な方法と「本質」を肯定する密教的な方法が比較対照されているのだ。何度も繰り返すが、それが『意識と本質』の核心である。

意識の深層と表層をつなぐ、禅的な方法と密教的な方法の対立点にして結び目でもあるⅧの冒頭では、シャマニズムの問題が集中的に論じられていた。禅的な思考方法と密教的な思考方法は、シャマニズムを介して一つに結ばれるとともに二つに分岐させられる。

ここまでの議論をごく簡単に整理しておく。『意識と本質』はⅠからⅢまでの序論とⅣからⅫまでの本論からなる。序論であるⅠでは「本質」の否定と「本質」の肯定が論じられ、Ⅱでは「本質」の相反する二つの類型が、Ⅲでは「本質」を肯定するための三つの方法が論じられていた。本論に入ると、Ⅳでは「本質」を肯定するための第一番目の意識と存在の深層に「理」を見出す方法が論じられ、Ⅴ、Ⅵ、Ⅶでは「本質」を否定するための禅的な方法が論じられ、Ⅷ、Ⅸ、Ⅹ、Ⅺ、では「本質」を肯定するための第二番目の密教的な方法が論じられ、Ⅻでは「本質」を肯定するための第三番目の方法、意識と存在の表層に「名」を見出す方法が論じられている。

結局のところ『意識と本質』の主題は、意識と存在を「無」へと消滅させる禅的な方法と、意識と存在から「無限」を生み出す密教的な方法の相克と総合に絞られる。その焦点にシャマニズムという現象が位置づけられる。しかしながら、井筒が理解するシャマニズムとエリアーデの理解するシャマニズムは微妙に異なったものだった。井筒は、エリアーデが、シャマニズムという現象に「脱自」（エクスタシス）だけしか見出さなかったことに強い不満を覚えていたはずだからである。

エリアーデのシャマニズム研究では、井筒の『神秘哲学』において哲学的思惟の起源に据えられたディオニュソスの憑依――井筒はそれを一種の「原始的シャマニズム」であると定義していた――が明らかにしてくれた、表裏一体をなす現象として出現する「脱自」（エクスタシス）と「神充」（エントゥシアスモス）という状況のうち、ただ一方だけしか論じられていなかったのだ。ディオニュソスに憑依された人々は有限な自我という殻を突き破って、神的な霊魂を自我の外へと高く逃れさせ、無限の時空に遊ばせる。

しかし、この神的なものの憑依が生起させる「脱自」（エクスタシス）の裏面では、あとかたもなく消滅してしまった有限な自我のあったその場所に、森羅万象あらゆるものが浸透してきて一つに入り混じるという事態が生じる。神を体現する聖なる獣をむさぼり喰うことで、人間は神にして獣でもあるような存在へと変貌を遂げる。第二章でも『神秘哲学』から引用したように、ディオニュソスの憑依が可能にする「生肉啖食の典儀」を通して、「神と犠牲獣と人間とは完全に融合帰一する」。なぜなら、「犠牲獣の鮮血滴る生肉を呑下することによって、人はそのまま聖獣と化し、聖獣となることによって神と合一する」からだ。つまり、「限りを知らぬ狂躁乱舞の恍惚のうちに、神・人・獣は各々その個性の辺際を超絶して差別を失い、全ては一となり、一が全てとなるのである」。自我が消滅してしまったその場所では、森羅万象あらゆるものが神的な様相を呈する。井筒は、その状況をプラトンも用いている「神充」（エントゥシアスモス）という術語によって説明した。

ディオニュソスの憑依、つまりは原初のシャマニズムは、それを体験する者たちに「霊魂の肉体脱出」であるエクスタシスと「神の充満」であるエントゥシアスモスを同時にもたらしたのである。そこから原初の宗教と原初の哲学が発生した。少なくとも井筒はそう考えていた。井筒は、さらに、「脱自」の方向に霊魂不滅の原理の確立とその原理にもとづいた密儀宗教の発生を幻視し、「神充」

の方向に全即一の――森羅万象あらゆるものが「一」なるものへと動的に帰一する――原理の確立とその原理にもとづいた自然哲学（「自然神秘主義」）の発生を幻視していた。

この思想潮流は第二章でまとめた通りである。密儀宗教からはパルメニデスを経てプラトンのイデア論が生まれ、自然哲学からはヘラクレイトスを経てアリストテレスの流動的宇宙論、能動的知性を中心に据えた宇宙生成論が生まれる。密儀宗教と自然哲学、プラトンの静謐なイデア論とアリストテレスの動的な宇宙生成論は、アリストテレスを超えてプラトンに還ることを主張したプロティノスによって一つに総合される。井筒は、プロティノスに、ギリシア神秘哲学の一つの完成を見出していた。「脱自」と「神充」が連動して生み出すこの構造は『意識と本質』にも継承されているのだ。

ヒエロファニーと「まれびと」

エリアーデはシャマニズムという現象に、ただエクスタシス（脱自）だけを見ようとしていた。シャマンは自らの魂を、現実を超えた世界に向けて飛ばすことができる。しかし、エラノスで出会ったエリアーデはエクスタシスだけに固執する偏狭な宗教史家ではなかった。井筒は、そう述懐している。なによりも若き日の「インド体験」を自分に向けて熱っぽく語り、「インドは私の魂の故郷《ふるさと》だ」とさえ伝えてくれた。エリアーデは、インドのヨーガに、シャマニズムのエクスタシスと対をなすような、あるいは、エクスタシスと表裏一体となるような体験を見出していたのだ。エリアーデ自身、その体験を「エンスタシス」(enstasis) と記している。まさにシャマニズムが体現する「エクスタシス」(ekstasis) と相互に対極的な関係にあるような術語である。井筒はエリアーデの死に際して書かれた「エリアーデ哀悼」(一九八六年) に以上のように記し、次のように続けている――。

エク・スタシスとは、文字通りの意味は「(意識の) 外に・自分を置く」こと。「エン・スタシス」は「(意識の) 内に・自分を置く」こと。いずれも人間主体が日常の経験的意識を踏み越えて、異次元の意識状態に移ることを意味する、但しそれぞれ、外と内という正反対の方向に向って。エクスタシスは、普通、忘我脱魂と訳されている。要するにシャマニズムの主体的体験イマージュとしては、肉体のなかに宿る「魂」が、肉体の外に出て行くこと (離魂、遊魂) だ。エリアーデの主著の一つ、一九五一年出版のシャマニズム研究は「脱魂の古代的テクニーク」(les techniques archaïques de l'extase) と副題されている。とすれば、それの対極にあるヨーガは、「入我のテクニーク」でなければならない。エンスタシス、「入我」、人間主体が、自己の内面に向って、奥へ奥へと下降し、沈潜していくこと。いわゆる「三昧《サマーディ》」、観想意識の深ま

り、をそれは意味する。（『全集』第九巻、二七五頁）

井筒がエリアーデの思索のなかに見出した「エクスタシス」と「エンスタシス」の対が、そっくりそのまま井筒自身が『神秘哲学』で提示した「エクスタシス」と「エントゥシアスモス」の対と重なり合うわけではない。しかし、そこで説かれている事態が、エリアーデにとっても、井筒にとっても、ほぼ等しいものを指示していることもまた疑い得ない。神秘体験とは、人間的な自我を外側と内側へと破壊し、未知なるものへと深めていく営為なのだ。そしてまた、自我を乗り越えていく二つの方向、人間的な自我の外側と内側に、日常を超えた非日常、すなわち「聖なるもの」への通路がひらかれることを、エリアーデは、宗教的なるものの起源として位置づけた。エリアーデは、そうした事態を「ヒエロファニー」（聖なるものの顕現）と名づけた。

「ヒエロファニー」によって時間も空間も起源へと回帰し、新たなものへと生まれ変わる。エリアーデにとって、井筒が『神秘哲学』に描き出した宗教と哲学の起源、ディオニュソスの憑依を中核に据えた死と再生の儀礼もまた、「ヒエロファニー」の典型的な一つの事例だった。そしてもう一つ、エリアーデが「ヒエロファニー」を論じた宗教概論（『聖と俗』）、時間論と神話論（『永遠回帰の神話』）、イニシエーション論（『生と再生』）のすべてで参照している特権的な事例がある。アレクサンダー・スラヴィクの論考「日本とゲルマンの祭祀秘密結社」を介して紹介された日本の事例である。

その頻度も強度も、きわめて異例なものである。

スラヴィクがこの論考で取りあげた日本の事例はすべて、若きスラヴィク自身がアシスタントをつとめて完成させた岡正雄の博士論文『古日本の文化層』にもとづいている。岡がウィーン大学に提出したこの博士論文で試みたのは、柳田國男の山人論と折口信夫のまれびと論を一つに総合させ、それを日本列島の古層の信仰、「固有信仰」として位置づけ直すことである。岡は、その「固有信仰」を代表する特権的な事例として、柳田と折口がともに深い関心を抱いた八重山諸島のいくつかの島々に伝わる仮面祭祀をあげている。

豊年を祈る夏の祝祭の最中、海辺に穿たれた聖なる洞窟のなかから、二対の巨人が出現する。全身を草に覆われ、巨大な仮面をつけた二対の異形の神が、子孫たちを祝福するために、日常の現実世界とは異なった非日常の超現実世界から、いま、こ、こ、に甦ってくる。村人たちが奏でる力強い音楽と激しい舞踏に導かれながら、二対の巨神たちは、その日にしか許されない歌を口ずさみ、村人たちに祝福とともに警告を授ける。人間を超え出た聖なる獣にして聖なる神、動物と植物と鉱物――仮面の目と口は夜光貝で飾られているという――が一つに入り混じった存在に変身するのは、村の選ばれた若者たちである。若者たちは聖なる洞窟のなかで、仮面に宿った神の霊魂を自らに付与し、神として生まれ変わる。

まさに聖なるものの顕現、「ヒエロファニー」である。柳田も折口も大きな衝撃を受けた。折口は、「憑依」（神憑り）によって発せられる、神から憑者に下された聖なる言葉のなかに文学の発生を幻視していた。憑依の瞬間、人間は人間的な条件を抜け出し、神にして獣でもある中間的な存在に変身する。折口はそうした中間的な存在を、聖なる世界からの来訪者、すなわち「まれびと」と名づけた。エリアーデの「ヒエロファニー」の一つのモデルは、明らかに折口の「まれびと」にある（本書第一章ではそれがさらに西脇順三郎の「幻影の人」と等価であることを論じた）。井筒もまた、大学時代、折口の講義に反発を感じながらも魅せられていた。井筒は、ギリシア哲学の発生のみならず純粋一神教の達成であるイスラームの起源、預言者ムハンマドの召命体験——唯一至高の神から聖なる言葉を下されること——についても、憑依やシャマニズムの観点から考察を加えていた。井筒の「憑依」の一つのモデルもまた、やはり「まれびと」にあるように思われる。つまり、井筒は折口のまれびと論を最も創造的な形で受け継ぎ、完成したのだ。

「ヒエロファニー」からエクスタシスとエンスタシスという二つの原理が導き出され、「憑依」からやはりエクスタシスとエントゥシアスモスという二つの原理が導き出された。エラノスでエリアーデと井筒が出会ったのは偶然である。しかしその邂逅は、お互いの思想的な出自からして、必然的なものでもあったはずだ。そしてエラノスは、さらに、井筒が「憑依」から抽出してきた、相反しつつも相補い合うエクスタシスとエントゥシアスモスという二つの原理が向かう方向を、西方から東方へと劇的に変更させたのだ。

『神秘哲学』が書き上げられたとき、井筒が目指していたのは西方の極である。プロティノスによってはじめて統一された二つの原理、エクスタシスとエントゥシアスモスの総合はギリシアのヘレニズム的世界だけでは完結せず、一神教の教えを伝えるヘブライズム的な世界と合流して、中世キリスト教が可能にした神秘主義思想、アビラの聖テレジアと十字架の聖ヨハネで真の完成を迎えるというヴィジョンを、井筒は抱いていた。しかし、エラノスは、そうした井筒に対して、西方とはまったく異なった東方においても、憑依から導き出される二つの原理が成り立つことを充分すぎるほど教えてくれたはずなのである。

禅的エクスタシスと密教的エントゥシアスモス

これもまた完全に重なり合うというわけではないが、井筒は禅的な世界にエクスタシスの延長を、密教的な世界にエントゥシアスモスの延長を見ていたのではないかと思われる。神における精神（自我）への超越と密教における世界（身体）への内在である。禅は、限定され有限である自明の自我を破壊し、非限定で無限である未知なる自我、そこでは主観と客観、精神と物質という区別が成り立たないような真の自我を可能にしてくれる。真の自我においては、あらゆるものの区別が失われ、森羅万象すべてが一つに混じり合う。密教は、そうしたさまざまなものが一つに混じり合う世界、華厳的な世界を自らの身体として生きよ、と教えてくれる。光の重合、光の融合として立ち上がる真の自我にして真の世界。エクスタシスとエントゥシアスモスの東方での合一という事態は、井筒にとって天啓のように下されたはずだ。道元的な世界を、華厳を媒介として、空海的な世界に接合する。時間的な差異も空間的な差異も乗り越えて、東洋哲学全体の「共時論的構造化」を図るということは、そういうことではなかったのか。

そうした未曾有の風光をより明らかにしていくために、エラノスで井筒が発表し、自身の手で日本語に訳し直された——井筒にとって翻訳とは最も創造的な解釈行為である——道元的な世界のヴィジョンにして、華厳的な世界のヴィジョンを引いておきたい。両者が一つに重なり合うところに最後の井筒俊彦、未来の井筒俊彦が、空海とともにその未知なる姿をあらわすであろう。

井筒は自我をあとかたもなく消滅させてしまう禅を「白」の世界と表現した。しかし、その「白」は、あらゆるものの色彩と形態を潜在的に孕んだ「白」だった。「白」には無限の「白」が重なり合っている。井筒は、そう語っている。そのヴィジョンは、コンセプチュアル・アートの極限ですらあるだろう。道元は、その「白」を「水」に喩えた。「水」は海中を流れるだけでなく、地中を流れ、空中を流れ、さまざまに形を変えて流れ続けている。「水」は炎のなかにも、「私」のなかにも、仏のなかにも存在する。「水」に「水」が重なり、「水」が「水」を見るとき、世界の真理が立ち現れる（井筒の「白」と「水」についての理解は、英文著作『禅仏教の哲学へ向けて』のなかで最も美しく説かれている)。

道元は、「水」の変幻自在な出現ぶりを「時間」として捉え直す。「時間」は流れ去らない。すべての「時間」が「水」のようにさまざまな形をとって、いまここに立ち現れてくる。「有時」の「経歴《きょうりゃく》」と道元はいう。さらにその「有時」の「経歴」の中心に、道元は「我」を据える。道元の「我」は、限定され有限で閉じられたものではない。限定を乗り越え無限に開かれたものである。昨日の「私」(「我」)は阿修羅という怪物で、本日の「私」は人間で、明日の「私」は仏になるのかもしれない。禅がひらく心のなかの世界では、時間は流れ去らない。昨日の怪物としての「私」と本日の人間としての「私」と明日の仏としての「私」である時間(「有時」)が同時に立ち上がる(「経歴」する)。あたかもその様は、天高く聳え立つ山の絶頂に立って、それまでのすべての行程を、一気にそして同時に見渡すこと、鳥瞰することと等しい。

井筒は、一九七八年のエラノスで論じられた道元の時間論の核心を、こうまとめている——「高々たる山頂に立って、千峰万峰を足下に見はるかす人。山と山とのあいだに時間的先後はない。この山頂に辿りつくまでの日々、昨日はあの山を越えた、今日はこの山を越えている。昨日の山は先、今日の山は後。しかし、ひときわ高く聳え立つ山の頂《いただき》から全景を鳥瞰するこの人にとっては、山々の日付はなくなっている。あともさきもない。すべての山が彼から——彼の「我《われ》」から——等距離にある」(「創造不断」『全集』第九巻、一七七—一七八頁)。「我」の足下からは無限の「我」が立ち上がってくる。非時間的「同時開顕」の茫洋たる時空が「我」とともにひらかれる。過去、現在、未来、すべての時間が、いまここで一つに融け合う。

井筒は、道元が提示した「水」、「時間」、「我」を、『華厳経』が表現する「光」の世界として捉え直す。井筒は、道元の時間論を論じてから二年後、一九八〇年にやはりエラノスで、華厳的な世界認識の方法について論じている（「事事無礙・理理無礙」）。その核心については、節をあらためて引き続き論じていく。

空海の光の世界

井筒俊彦は『神秘哲学』から『意識の形而上学』に至るまで一貫して、ギリシアの哲学者プロティノスの光の哲学を参照し続けている。『神秘哲学』の段階では、プロティノスの光の哲学は、中世のキリスト教神秘主義として完成する、いわば西洋哲学の基盤であり、エラノス会議に招かれた後では、東洋哲学全体に及ぶ「共時論的構造化」を理解し、実現していくための貴重な試み、華厳的な世界の本質を過不足なく説明してくれる特権的なテクストになる。

それでは、あらためて、井筒俊彦の「東洋哲学」の可能性とは一体どこにあったのか。それは「華厳」という世界認識の方法と、その「華厳」的な光の世界を自らの言葉として、あるいは自らの身体として生きた「空海」という個人に集約されるのではないかと思われる。華厳と空海、両者のいずれをも、井筒は著作集第九巻の『東洋哲学』で論じている。東洋哲学の古典を創造的に「誤読」する、という印象的な一節がはじまりの部分に記された「意味分節理論と空海――真言密教の言語哲学的可能性を探る」（一九八五年）と、大乗仏教とイランのイスラーム神秘主義、つまり華厳的な世界とスーフィー的な世界を比較対照した「事事無礙・理理無礙――存在解体のあと」（一九八五年）である。この二篇の講演論考は『東洋哲学』全体の一つの焦点を形づくっている。

一般的に――世界的に――井筒俊彦の「専門」とされているのは、イランの地で独自の形に発展したアジアのイスラーム神秘主義思想、スーフィズムである。光の高原であるイランの地で、この世界を超越して存在する唯一の神に限りなく近づいていくために、敬虔な信者たちはただひたすら自らの内なる心を磨き上げていく。すべてを棄てて、「羊の皮」（スーフ）に身を包みながら。自らに内在する心のなかには、世界の外へと超越する唯一の存在、神への通路がひらかれていく。自己に内在する心を通じて、世界の外部へと超越する唯一の他者、神へと限りなく近づいていった人々は、人間という限界を超え出て、神との「合一」を果たす。その境地は「言葉」にすることができない。「言葉」にすることができない体験を「神秘」という。「神秘」とは、内在と超越を一つに結び合わせる未聞の体験なのである。

スーフィーたちの導きの糸となったのは、ユダヤに端を発する、超越する唯一の神への信仰にもとづいた一神教、つまりヘブライズムの原理だけではなく、ギリシアに端を発しプロティノスによって総合されたイデアとの「合一」を可能にする新プラトン主義の哲学、ヘレニズムの原理だった。『神秘哲学』は、イスラーム神秘主義思想を理解する上でも、文字通りその起源として位置づけられる著作なのである。そして、人生の終焉を迎えようとしたこのとき、井筒は『神秘哲学』を、イランだけではなく、より広大な「東洋」へとひらこうとした。華厳と空海は、その地点に位置づけられる。

井筒俊彦は、「事事無礙・理理無礙」において、インドから中央アジア、さらには中国大陸から朝鮮半島を経て列島にまで伝えられた大乗仏教思想の一つの到達点である華厳的な世界を説明するために、『神秘哲学』の結論部分で論じられたギリシア神秘哲学の完成者プロティノスの著作から引用するのである。つまり井筒の「東洋哲学」の核心をなす華厳的な世界は、井筒の「神秘哲学」の総合であるプロティノスによる新プラトン主義的な光の世界と直結していたのだ。そこにおいて、ギリシア、イラン、インド、中国、列島を一つのパースペクティヴから捉えることが可能になる。

井筒俊彦は、こう述べていた。「プロティノスが『エンネアデス』の一節で彼自身の神秘主義的体験の存在ヴィジョンを描くところなどに至っては、まさしく『華厳経』の存在風景の描写そのままでありますı」。そして、プロティノスの「深い冥想によって拓かれた非日常的意識の地平に突如として現われてくる世にも不思議な（と常識的人間の目には映る）存在風景」を、『エンネアデス』

（以下、引用以外では『エネアデス』を用いる）から引く——。

あちらでは、すべてが透明で、暗い翳りはどこにもなく、遮《さえぎ》るものは何一つない。あらゆるものが互いに底の底まですっかり透き通しだ。光が光を貫流する。ひとつ一つのものが、どれも己の内部に一切のものを包蔵しており、同時に一切のものを、他者のひとつ一つの中に見る。だから、至るところに一切があり、一切が一切であり、ひとつ一つのものが、即、一切なのであって、燦然たるその光輝は際涯を知らぬ。ここでは、小・即・大である故に、すべてのものが巨大だ。太陽がそのまますべての星々であり、ひとつ一つの星、それぞれが太陽。ものは各々自分の特異性によって判然と他から区別されておりながら（従って、それぞれが別の名をもっておりながら）、しかもすべてが互いに他のなかに映現している。（『全集』第九巻、九—一〇頁）

「光」が「光」を貫き、すべての「光」は一つに融け合うとともに、無数の「光」となって発出される。透明に輝きわたる「光」の珠が無限に重なり合う。無限は無限に重なり合い、同時に「一」でもある。白が白に重なり、水が水に重なり、光が光に重なり、我が我に重なる。それが世界の真実であり、その世界をこの「私」の現在として、この「私」の身体として、生き抜かなければならない。これは井筒俊彦がエラノスで学んだ叡智でもあった。

「すべてのものが、「透明」となり「光」と化して」、「互いに他に浸透し、互いに他を映し合いながら、相入相即し渾融する」。つまり、「重々無尽に交錯する光に荘厳されて、燦然と現成する世界」。井筒俊彦は断言する。プロティノスの『エネアデス』も、『華厳経』も、まったく同一のヴィジョンを表現しているのである。ギリシアとアジアを一つにつなぐ光の世界に到達し、井筒は、さらにそこから一歩を踏み出そうとする。一〇〇〇年以上も前に、空海がそうしたように……。

最晩年の井筒俊彦が甚大な関心を抱いていた空海もまた、大乗仏教の到達点を「華厳」に見出していた。空海がはじめて列島に招来した曼荼羅とは、「華厳」的な光の世界をそのまま現実の宇宙の発生、あるいは現実の意識の発生としてイメージ化したものである。自己の内なる宇宙と自己の外なる宇宙は、曼荼羅によって一つにつながり合う。しかも、空海はそうした世界認識にとどまることなく、「華厳」的な光の世界を、自らの身体として生き抜こうとした。人間は曼荼羅と一体化したときにはじめて救いが訪れる、つまり「私」がそのまま「如来」(仏)となることができる、と説いたのである。空海は、その変身にして生成の過程を、美しい一篇の詩の形で表現した。「即身成仏義」(引用は「偈」の前半部分のみ)には、こうある——。

六大無礙常瑜伽　　六大無礙にして常に瑜伽なり

四種曼荼各不離　　四種曼荼各《おのおの》離れず
三密加持速疾顕　　三密加持すれば速疾に顕わる
重重帝網名即身　　重重帝網なるを即身と名づく

この世界を成り立たせている六つの要素（地・水・火・風・空という物質を形成する元素である五大と精神を形成する元素である識大の、あわせて「六大」）は、お互いにさえぎることなく永遠に融け合っている。光の抽象的な形象から物質的な厚みをもった存在まで四種類の曼荼羅は、決してお互いに離れることなく一つに重なり合っている。如来の言葉・身体・意識と人間の言葉・身体・意識がそれぞれ触発し合い一つに結ばれ合うので、速やかに悟りの境地に到達することができる。それら森羅万象すべてが無数の身体として「帝網」（「インドラの網」）につけられた宝珠のように相互に煌めき合い、そして今ここに一つの如来の身体として顕れ出る。

空海が「即身成仏義」で述べている「帝網」（「インドラの網」）とは、『華厳経』に由来し、「華厳」的な世界観を一つに集約し、象徴したイメージだった。「帝網」は、天上の帝釈天（インドラ）の宮殿にかけられた珠網を指し、「天網」と呼ばれる場合もある。その「インドラの網」は、相互に光を反射し吸収し合う明るく透明な宝珠が無数に結びあわされて織り上げられていた。透明で光り輝いているので、宝珠の一つ一つには、他のすべての宝珠の像（イメージ）が映っている。インドラの宝珠はお互いにその姿を映し合い、一つの宝珠がすべての宝珠と関係を持ち、すべての宝珠は一つの宝珠のなかにおのれの姿を見出す。外の無限にひらかれ、また自らのうちにも無限を孕み持つ透明に輝く小さな一つの光の珠。それを自らの身体と考え、そして生きよ。空海はそう呼びかけているのである。一なる自己の身体と、多なる他者の身体は、無限を介して一つに融け合っている。それが宇宙の真実なのだ。

一にして無限でもある透明な光の珠。もはやそこでは、精神と物質との間に区別を設けることができない。地、水、火、風という物質の基盤となる元素とそれらを外から包み込む空からなる「五大」。さらにそこに精神をつかさどる識という六つ目の存在要素を加えた「六大」は、その間にさえぎるものがなにもなく、つねに一つに融け合っていて永遠なのだ。その有様を表現したものが曼荼羅であり、その曼荼羅を自らの身体として生きたとき、人間はそのまま仏（如来）になることができる。人間は、潜在的に如来となる可能性を自らの内に蔵している。如来の意識と如来になる可能性を、あたかも胎児のように自らの内に孕んでいるのだ。その有様を「如来蔵」という。

空海が依拠した「如来蔵」思想の原理を最も簡明にあらわした大乗仏教の「論」こそ、井筒俊彦が最後に取り組んだ『大乗起信論』に他ならない。

人間は如来を胎児のように宿している。しかしながら、人間世界の常識に縛られている限り、その境地は永遠に隠されたままなのである。だから、人間は如来に近づく努力をしなければならない。その努力は、人間を構成する身体・言葉・精神のすべてを動員して一つの目標に向かって協同させたときにはじめて顕在化される。そうしてはじめて、六大の潜在性の奥深くに隠されていた如来の身体・言葉・精神も、人間に向けて発動される。そして両者がともに持つ三密（身・口・意）が一つの地平で出会ったとき、そこに悟りと救いがもたらされる。

「密」とはまさに「神秘」、つまり「言葉」にすることができないような体験を意味している。空海が招来した密教――言葉にできない「秘密」の体験にもとづいて超越者（如来つまりは仏）との「合一」を説く教え――とは、アジアの神秘主義思想そのものだった。

井筒俊彦は、空海に、アジア神秘主義思想の一つの完成を見出している。空海は、「神秘」の体験、「密」の体験が可能になる事態を「加持」とした。それは如来の力が太陽の光のように衆生の心の水を照らし出しそこに顕れることであり（「加」）、衆生の心の水が如来の力を太陽の光のような暖かみとしてそこに感じ取ることでもある（「持」）。より直截な表現を使ってしまえば、如来と人間が直接に性の交わりを果たすようなものである……。さらに空海は、華厳的な「光」を、如来から発する真なる「言葉」（真言）として読み替えていく。森羅万象は光として、あるいは言葉として、相互に通じ合い、一つに融け合っているのである。そうした顕在的かつ潜在的な世界の総体を、空海はプラトン的でありプロティノス的でもある真実在（「真如」）たる曼荼羅、その中心に位置する根源的な一者たる「法身」（大日如来）とした。神やイデアという「有」の思想とは根本から相容れないはずの仏教思想、インド的な「空」と中国的な「無」が一つに結び合わされて形になった列島の仏教的な環境のなかに、空海は、内在が超越につながり、超越が内在につながる神秘主義思想――ヘブライズムとヘレニズムの最も創造的な総合と等価であるもの――を導入したのである。空海の前では、ヨーロッパ的な一神教とアジア的な多神教の対立などといった偽の問題は成り立ち得ない。

「法身」（大日如来）は一なる存在であるとともに全なる存在でもある。『大乗起信論』は、そのすべてを費やして、「真如」である「法身」の在り方、衆生の心がそのまま如来の心へと転換していく在り方を説いている。『大乗起信論』自体、井筒俊彦が『意識の形而上学』の冒頭に記しているように「誰が書いたのか知らない」、従って「いつどこで書かれたものであるか、正確にはわからない」正体不明の「論」である。空海は、当時から『大乗起信論』以上に偽経の疑いが濃厚であった『大乗起信論』の注釈書、『釈摩訶衍論』を重視することを生涯やめなかった。そして、「法身」が自ら語り出すこと、すなわち宇宙全体が真の「言葉」（真言）に貫かれていることを、高らかに宣言したのである。静的な「真如」から動的な「真言」への転換が図られている。それが空海の結論であり、だからこそ、自らの教えの体系を「真言」と名づけたのだ（本書終章）。

井筒俊彦が『意識と本質』のなかでも取り上げ、『東洋哲学』に収録した「意味分節理論と空海」

のなかでも取り上げた「声字実相義」のなかで、空海は、自身が確立した「密やかな教え」の本質《エッセンス》、「真言」の在り方を、やはり美しい一篇の詩の形で表現してくれていた――。

五大皆有響　　五大に皆響き有り
十界具言語　　十界に言語を具す
六塵悉文字　　六塵悉《ことごと》く文字なり
法身是実相　　法身は是れ実相なり

地・水・火・風・空の五大は皆おのずから響きを発している。地獄・餓鬼・畜生・阿修羅・人・天・声聞・縁覚・菩薩・如来の十種の世界はそれぞれ独自の言語を持っている。人間の認識の対象である色・声・香・味・触・法の六塵はすべて文字でできている。それらすべてを自らのうちに兼ね備えた如来の身体、法そのものとなって決して滅びることのないその身体（「法身」）こそが、この大宇宙の真実の姿なのである。

地、水、火、風、空、自然を構成する五つの元素はすべて響きを発している。だから、森羅万象あらゆるものはこの響きによって通じ合う。その事実は、この目に見える現実の世界の住人のみならず、地の底に存在する地獄の世界の住人から、天空遥か彼方に存在する天界の世界の住人に至るまで、決して変わることはない。ありとあらゆるものは世界を構成する元素《エレメント》となった響きによって一つにつながり合う。その頂点に如来の「真言」が位置している。如来、つまり宇宙とは、真なる「言葉」そのものだったのだ。

井筒俊彦は、「意味分節理論と空海」で、空海が構想していた密教理論の核心についてこう記していた。「存在はコトバである」。存在は言葉であり、光である。空海に導かれて到達したこの一節は、井筒の「東洋思想」の核心でもあった。あるいは、最後の井筒俊彦が、「未来」に向けて残してくれた貴重な遺言でもあった。ギリシアに端を発する「神秘哲学」は、イスラームの神秘主義思想を経て、アジアの神秘主義思想、光と言葉をめぐる「東洋哲学」として完成するのである。

一九九二年の晩秋、文字通り最後の対話の相手となった司馬遼太郎に向けて、井筒俊彦は、こう語っている（「二十世紀末の闇と光」。井筒の逝去はこの直後の一九九三年の一月七日のことである）。モンゴル帝国とイスラーム帝国の激突は世界史的な大事件だった。その激突以降、アジアのイスラーム哲学は根本から変化する。人格的な「一神」が、大乗仏教の経典にいう「真如」――『大乗起信論』の最大の主題でもある――のような理念へと変化するのだ。

とにかく思想の中心に真如が出てくる。アラビア語の言語では「真理」という意味のハック

(haqq) という言葉ですが、まさに「真如」です。真如という形で絶対者が表象されるようになる。それからもうひとつは、光という形で表象されてくる。全存在世界は光の世界、神はこの宇宙的光の太源としての「光の光」。華厳経みたいなものです。(『全集』第十巻、六二二頁)

井筒俊彦は、前章でも触れた通り、司馬とのこの対話のなかで空海の真言密教とプラトニズムのあいだには直接的・間接的な影響関係があるとの考えを述べている。あるいは、ギリシアの光の哲学を抜きにしては、空海の密教思想の完成は考えられない、とも。井筒にとって空海とは、「ギリシア以東」をそのなかに組み込んだ「東洋哲学全般を見渡すような哲学」を構築するにあたって要となるような存在だった。「最後」の井筒俊彦、「未来」の井筒俊彦の夢は、空海とともにあった。それは、総合的かつ新たな「言葉」によって、総合的かつ新たな「東洋哲学」を構築していくことにつながっていく。井筒は、こう語っていた——。

私の構想している「東洋」のなかにはイスラムはもちろん、ユダヤ教も入ってくるし、インド、中国、そして日本、全部入ってくる。それに、ギリシア。そういうものを総合したような世界を考えて、その世界に通用するひとつの普遍的なメタ的な言語を哲学的につくりだせれば、理想的だと思っているんです。(同上、六三四—六三五頁)

『神秘哲学』から『東洋哲学』へ。それは「神秘哲学」から華厳的世界へ、さらには空海へと読み替えられる。そこに井筒俊彦が切り拓いてくれた、東洋哲学という「未来」へと続く道が存在している（本書終章）。

第六章　列島の批評——「産霊《むすひ》」の解釈学

批評と哲学

井筒俊彦を近代日本が生み出した最も巨大なスケールをもった批評家、聖典解釈者として位置づける。ここまで本書が跡づけようとしてきたように、そのこと自体は充分に正当なことであろう。折口信夫の営為を創造的に引き継いだ井筒俊彦が生涯をかけて創り上げた解釈学の体系、批評の体系こそ、「哲学と批評」という主題に対して、日本語を母語とする者として最も寄与していると思われるからだ。

ただそれを論証するためには、井筒が自らの解釈学の主要な対象とした『クルアーン』およびアラビア語に関する十全な知識を必要とする。井筒が参照しているアラビア語の原典もまた批評的

（批判的）に吟味する必要があるからだ。さらには、イスラームの立場から井筒の営為自体を批評的（批判的）に検討し直す必要もある。現時点で、私がそのような作業を行うことはできない。残念ながら、私では力不足である。しかしながら、井筒は自らの著作を日本語と英語の双方で著した。井筒の英文著作の「始まり」である――それは同時に井筒の解釈学の「始まり」でもある――『言語と呪術』の日本語版監訳者をつとめ、その他の代表的な英文著作を読み直したうえで、私が理解した限りでの井筒批評、つまりは井筒解釈学の核心をこの章でもう一度提示しておきたい。それが、批評家としての私がとらなければならない責任でもあるだろう。

井筒自ら「私の無垢なる原点」と称した『神秘哲学』（一九四九年）は、アリストテレスを経てプラトンに還ることでギリシアの光の哲学を完成したプロティノスの営為、その「始まり」にディオニュソスの「憑依」を位置づけた大著だった。井筒は、哲学の起源に「憑依」があると考えていた。哲学は「憑依」からはじまる。ディオニュソスの「憑依」からはじまったギリシアの光の哲学が、神の「聖なる言葉」からはじまったアラビアの啓示宗教（イスラーム）と一つに総合される。

そこから、「聖なる書物」、『クルアーン』を読み解いていった果てにあらわれる新たな解釈学が可能になる。神（「一者」）からの段階的な万物の「流出」を説くプロティノスの光の哲学でもなく、超越的な神による無からの万物の「創造」を説く純粋一神教、正統派イスラームの宗教でもなく、両者を一つに総合した、無としての神そのものからの万物の内在的な「産出」を説くスーフィズムを基盤としたイランの哲学的な宗教にして宗教的な哲学、「存在一性論」を自身の最終的な到達点とした井筒俊彦の解釈学が……。

哲学と宗教を一つに総合する最も創造的な解釈学（批評）。その根底に、井筒は、西脇順三郎と折口信夫がそうであったように、言葉の意味の発生にして人間の意識の発生、さらには森羅万象あらゆるもの、つまりは宇宙という生命の発生が一つに重なり合うような場《フィールド》を見出していた。だがしかし、破格の日本語でまとめ上げられた『神秘哲学』の後、意味の発生にして意識の発生、さらには生命の発生を一つに結び合わせるような独創的な解釈学の体系を、井筒は日本語ではなく英語を用いてまとめていった。ようやくいま、英語で書かれた井筒の代表作のほとんどすべてが日本語に翻訳され終わった。折口信夫の「批評」を引き継いだ井筒俊彦の「批評」の全貌が、日本語で読めるようになったのである。そこにこそ、哲学的な思惟と詩的な表現が渾然一体となった井筒俊彦の思想の核心が秘められているはずである。

起源をめぐる解釈学

あらためて批評を定義し直すことから始めてみたい。批評とは何か。批評とは解釈学である。それが最も過不足のない回答となるであろう。それでは解釈学とは何か。この問いに一言で答えることは難しい。最大公約数的に考えてみる。解釈とは、聖なる言葉で記された聖なるテクスト（言葉の織物）を読み解いていくことである。

どのような人々の集団でも聖なるテクストを持っている。そのテクストは文字を用いて刻み込まれている場合が多い。しかし、そこで用いられている文字には身体の痕跡が、身ぶりと言葉（声）の痕跡が残されている。聖なる言葉とは、まず何よりも歌謡であるとともに舞踏であり、その記憶であった。いつしかそれが文字として整理され（当然ながら文字として整理されない場合もある）、聖なる書物として編纂されていった。その際、文字を持つ人々と文字を持たない人々の間には激烈な闘争があったであろう。その真実を知ることは決してできない。ただ、聖なる書物を通して推察することができるだけだ。そういった意味で、聖なる書物とは支配者の歴史であり、支配者の神話である。

それでは、聖なる書物とは何か。そこには一体何が記されているのか。この宇宙、あるいはこの「私」（人間）、つまりは森羅万象あらゆるものの「始まり」（起源）が記されているのだ。そのような書物を読み解いていって一体何になるのか。「始まり」をもう一度生き直し、「始まり」を創造的に反復し、「始まり」を新たな地平、新たな時空間（時間と空間の交点）に生み直すこと、再生させることができる。批評という営為――それは文学という営為とほとんど同義であろう――を定義するとしたなら、そのことに尽きる。

「始まり」を読むこと、「始まり」を読み直すことは「始まり」を書くこと、「始まり」を書き直すことにつながっていく。批評とは解釈学であり、解釈学とは創作である。創作とは文字通り世界を創造すること、より正確には、世界を創造し直すことに他ならない。

極東の列島に移り住んだ人々のことを考えてみる。おそらくはアジアの各地から何度も流入の波があったと考えられる。そこで支配階級となった人々もまた「始まり」の書物を残し、後世へと伝えることを意図した。ただしその時点で、極東の列島の「始まり」の書物を構成している文字は、列島に自生したものではなく、大陸の帝国から借用されたものだった。視覚的な像と聴覚的な音を同時にあらわす帝国の文字（漢字）から、列島に固有の文字（仮名）を創出していくことが求められた。「日本」はそこから始まる。

近代的な意味での「批評」の始まり――それは現在まで続いている――を、一体いつどこに位置づければよいのだろうか。外界を正確に写すための言語という考えがもはや成り立たず、言語を言語自体として思考せざるを得なくなった時に、「批評」の始まりを位置づけることが最も妥当であるだろう。ここから話題を一気に「近代」まで飛躍させる。

この「私」がいま何かを表現するために用いている言語とは一体どのようなものなのか。その機能と構造を探究する。表現するための言語について、おそらくは最も意識的であった詩人たちの営為のなかにこそ「批評」の始まりがある。たとえばシャルル・ボードレールに端を発するフランス象徴主義の流れ。ボードレールは美術批評を書き、文芸批評を書き、音楽批評を書き、そうした批評の成果の上に独創的な詩的世界を構築した。

ボードレールの時代（一九世紀半ば）、人間の持つ目の構造を解剖し、分析することで写真というメディアが生まれた。写真が外界を正確に映し出す以上、新しい絵画はもはや外界とは縁を切らなければならない。新しい絵画が定着しなければならないのは外界と通底する内界から発生してくる「もの」である。そこでは、音響と色彩と形態、さらには味覚・嗅覚・触覚をはじめとする諸感覚が一つに混交している。新たな批評の言葉、新たな詩の言葉は、諸感覚が一つに融け合った内的な世界を表現できるものでなければならない。

そのためにボードレールはまったく異なった二つの理念を、特異な思想家たちから借りてくる。エマヌエル・スウェーデンボルグからは内界と外界の照応（コレスポンダンス）の理論を、シャルル・フーリエからは極小から極大までの類似（アナロジー）の理論を。そしてそれらを統合して自らの詩の理論にして批評の理論を組織する。ボードレールは、リヒャルト・ワーグナーの舞台に、諸感覚を解放する総合芸術の可能性を予感する。ボードレールの詩学を受け継いだアルチュール・ランボーは、論理的な錯乱のもとに見出される「他者」としての私という「見者」の詩法をまとめ、ステファヌ・マラルメは人間的な「私」の消滅によってはじめて可能となる宇宙としての書物という「無」の詩法をまとめる。

外界と内界を照応させ、そこで極小から極大までを類似させるのが「象徴」としての言葉なのである。ボードレール、ランボー、マラルメと続く「象徴」の詩学は、アンリ・ベルクソンの「記憶」の哲学、ジャン＝ポール・サルトルの「想像力」の哲学へと引き継がれていく。ベルクソンの哲学とマルセル・プルーストの小説は双子のような関係にあり、サルトルは自身で小説を書いた。シュルレアリスムから実存主義、構造主義、ポスト構造主義に至るまで、批評の言葉と文学の言葉、さらには哲学の言葉は互いに共振し、交響し合っている。

ボードレールとマラルメはワーグナーの舞台を、それぞれの詩的世界の最大のライバルとみなしていた。ワーグナーの舞台を哲学的に基礎づけようとしたニーチェ、そのニーチェの分類を拒むテクスト、さらにはニーチェと同様「古代ギリシア」を主題として共有していたヘルダーリンのテクストを読み解くことで「存在」の哲学を打ち立てたハイデガーと、ワーグナーの舞台を介してフランスだけではなくドイツの側でも批評（解釈学）の言葉と文学の言葉、そして哲学の言葉は共振し、交響していた。彼らはみな翻訳者でもあった。ボードレールもマラルメも、エドガー・アラン・ポーの散文と詩を翻訳することから自身の仕事を始めている。

時間と空間を超える翻訳と解釈、そして創作。それが近代の批評を生み、近代の哲学を生んだ。近代日本の批評を独自の書法、書き方によって完成させた小林秀雄がランボーの詩の翻訳から始め、ベルクソン論を未完のまま残し、その廃墟に、最後にして最大の批評の大伽藍、本居宣長論を打ち立てたことは偶然ではなかった。それでは、一体なぜ本居宣長だったのか。

本居宣長から井筒俊彦へ

列島の聖なる書物は、列島に固有の文字創出以前に位置づけられる。その書物を読み解いていくことから新たな文字が、新たな書法が生み出されていった。列島に固有の新たな文字、新たな書法が支配階級のみならず一般の民衆にまで広がっていった近世に、きわめて大きな解釈の革命が起こる。ただしその革命は突発的なものではなく、中世が準備を重ねてきた結果として可能になったものであった。

それまで列島の「正史」として位置づけられていた『日本書紀』に対して、列島に固有の新たな文字、新たな書法の萌芽が見出される『古事記』にこそ列島の真の歴史、列島の真の神話が記されている。ある意味において列島の歴史よりも半島の歴史、大陸の歴史を重視する『日本書紀』に対して、ただ列島の歴史、「皇国」の歴史のみが純粋な形で記された『古事記』が、近世の解釈者を代表する本居宣長によって選択された。それとともに、解釈の過程で生み落とされたフィクションとしての「日本」が、イデオロギーの強固な基盤として実体化されることにもなった。

そのことが列島に近代（近代国民国家）を準備し、その近代の臨界（世界戦争）において列島に住む人々を破壊の危機にまで追い込んだ。列島近世に解釈の革命を推し進めた本居宣長から列島近代の批評がはじまる。近代日本を代表する批評家となった小林秀雄が残した最後にして最大の書物が『本居宣長』と題されていたことは偶然ではなく必然だった。さらには、近代日本の批評が必然的に「始まり」の聖なる言葉、「始まり」の聖なる書物を探究していくことも、また。

極東の列島には分量的にも内容的にも、さらには形式的にも対照的な二つの聖なる書物、『日本書紀』と『古事記』が残されていた。『古事記』の読み直しがはじまるのは中世になってからである。対照的とはいえ、この二つの相異なった書物に描き出された権力の「始まり」にして表現の「始まり」（身体的表現であると同時に詩的表現であるもの、身ぶりであると同時に言葉であるもの）は共通していた。いずれにおいても人間的な限界を超え出てしまう「神憑り」（憑依）、そこに下される「神の言葉」から王の権威にして王の表現が始まる、と言うのだ。王とは、「神の言葉」であるとともに「神の霊魂」である力の源泉を取り扱うことができる技術者であった。その点で、王が行っていることと漂泊を宿命づけられた芸能の民たちが行っていることは等しい。

王と芸能の民たちは「憑依」を介して一つに結ばれ合う。極東の列島では宗教も哲学も、そのなかに文学が含まれる芸術もまた、そのすべてが「憑依」から始まっていたのである。無数の島の連なりからなる極東の列島「日本」は、大陸の北と南にひらかれている。列島に残された最古の聖なるテクストから判断する限り、「日本」とは、広大なユーラシア大陸全土を覆っていたシャマニズム文化圏――人類の原型としての狩猟採集社会に固有の宗教的かつ政治的な体制――の残花であり、それを洗練させていった果てに可能になったものである。もちろんそのような事実を学問的に証明することはできない。ただ、詩人としての資質を濃厚に持った一群の解釈者たちが、時間的かつ空間的な隔たりを乗り越えて、奔放な想像力のもとで幻視しているのみだ。

しかし、私もまた、そうした幻視者たちの想像力を信頼している批評家の一人である。

本居宣長は原理的にテクストを読み込み、その異端の弟子である平田篤胤は実践的にテクストを読み込んだ。実践的にとは、不可視の幽冥界からの消息を明らかにしてくれる広義の「神憑り」、いまこの場に生起してくる生々しい「神憑り」を中核にして、ということである。極東の列島の歴史の「始まり」、表現の「始まり」には「神憑り」が位置づけられていた。

人間と神々、可視の顕明（生者たちの世界）と不可視の幽冥（死者たちの世界）、森羅万象あらゆるものは一つに結ばれ合っている。そうした事実をあらわに示してくれるものこそが、二つの世界を一つにつなぐ「神憑り」だった。「神憑り」すなわち「憑依」によって主観と客観、有限と無限、内と外、日常の俗なる世界と非日常の聖なる世界は一つに結ばれ合う。そこに権力の「発生」にして表現の「発生」を捉え直す。

それが、本居宣長の営為と平田篤胤の営為を近代の地平で総合した折口信夫が成し遂げたことである。民俗学的な探究と国文学的な探究、客観的な研究と主観的な創作が一つに融け合った折口の営為は「古代学」（代表作のタイトルでもある『古代研究』に由来する）と称されている。しかし、折口が求めた「古代」とは、反復される度に新たなものを生み落とす「始まり」のことである。つまり時間的かつ空間的に限定されたものではない。

つねに繰り返される「始まり」のプロセスを、折口は「発生」という言葉を用いて表現しようとした。そうであるならば、研究者としての折口信夫と表現者としての釈迢空（言うまでもなく折口の筆名である）が実践していたものこそ最も創造的な「批評」であると言えるだろう。小林秀雄の『本居宣長』の冒頭で、まったく唐突に折口信夫の姿があらわれるのも偶然ではなかったはずだ。

本居宣長に始まり平田篤胤を経て折口信夫に至る、そうした聖なる書物の解釈学の系譜は、折口で閉ざされてしまったわけではない。近世から近代にかけて形づくられた極東の解釈学を現代に、さらには世界に開く。「憑依」を根幹に据えた折口信夫の「批評」を最も創造的に引き継ぎ、列島に固有の解釈学を世界に普遍の解釈学へと磨き上げていった者こそが井筒俊彦であったはずだ。井筒は慶應義塾大学で折口の講義に出席していた。そうした個人的な関係性ももちろん存在する。しかしそれ以上に、憑依に魅せられ、憑依を自ら生き、そこに宗教および哲学の発生にして表現の発生を見出すという聖典解釈者としての姿勢が深く共振しているのだ。

折口も井筒も、「憑依」によって自他の区別が消滅し、森羅万象あらゆるものが一つに混じり合う地平にあらわれるものを、現実と超現実、内在と超越を一つに結び合わせる「始まり」の言葉として捉えた。その「始まり」の言葉は、生命の種子にして意味の種子のようなものでもあった。そこから精神的なものも物質的なものも、ともに産出される。なかば精神的でありなかば物質的でもあるような「意味」の萌芽。折口にとって森羅万象あらゆるものの源泉となる霊魂とは、そのようなものであったはずだ。あるいは折口にとっても井筒にとっても、世界の源泉、世界の起源となる原初の神とは、そのようなものであったはずだ――折口は、『古事記』の冒頭にあらわれ、宣長と篤胤によって磨き上げられてきた、霊魂を生成し万物に生命を宿らす「産霊《むすひ》」の神を、自身が構想する新たな神道の根本に据える。この章の後半で、そうした近代日本思想史における「産霊」の神学をたどり直す前に、いまここで、なによりもまず、井筒俊彦の解釈学の全体をまとめておきたい。

無限の神、無限の意味

これまでの章で確認してきたように、井筒の「哲学的意味論」にもとづいた「東洋思想」とは、『スーフィズムと老荘思想』の第一部でその基本構造が確立された「存在一性論」を原型として、広く「東洋哲学全体」に通底する「共時論的構造化」が目指されたものだった。その射程は、遺著『意識の形而上学』にまでおよんでいる。井筒は、『スーフィズムと老荘思想』をまとめた段階ですでに、スペインに生まれたイブン・アラビーに端を発するイランの「存在一性論」の哲学体系が持つ基本構造を、『大乗起信論』に由来する語彙を用いて説明していたからだ。イランのイスラームと中国の老荘思想を大乗仏教が橋渡しするのである。

そして、ちょうど『言語と呪術』が刊行され、『意味の構造』が刊行される間、一九五八年から翌年にかけて『コーラン』の邦訳が成し遂げられていることを考えるならば（ただし一九六四年に全面的に改訳された）、『言語と呪術』を序論に、『クルアーン』（『コーラン』）という聖なる書物を素材として「存在一性論」にまで推し進められた解釈学こそが井筒批評の根幹をなすということが理解されるであろう。そしてまた、イブン・アラビーの「存在一性論」を形づくる最も重要な「神」、「慈愛の息吹」とともに森羅万象あらゆるものを産出し続けている「神」の原型とでも称すべきものも『言語と呪術』のなかですでに素描されている（本書第三章）。

井筒俊彦の意味論にして存在論は首尾一貫したものだった。『言語と呪術』には、この後、井筒の意味論にして存在論を成り立たせていくあらゆる要素がすべて萌芽の状態で出揃っていた。リルケやマラルメやクローデルなどの「詩」も論じられていた。井筒にとっての詩の実践であり、詩の理論化でもあった。つまりは、ボードレールの「批評」を言語哲学としてよみがえらせたものであった。

『言語と呪術』については本書の第三章で詳述したが、ここでは近代世界と列島の解釈学の系譜に連なる書として位置づけ直してみたい。井筒は『言語と呪術』で一貫して「論理《ロジック》」に対する

「呪術《マジック》」の優位を説いていく。人間の言語は、人間が人間となった瞬間から、人間の精神と身体の双方を規定する「呪術」から生まれたものだった。超現実の「聖」なる世界と現実の「俗」なる世界の中間で、二つの世界の性質をともに帯びた、身体的であるとともに精神的でもある身ぶりによって何かを指し示すこと。そこから原初の言語、「呪術」としての言語が生まれた。井筒にとって、「意味」とは「呪術」そのものなのである。

無意識の深層に蠢く「内包」に触れ得た者だけが、世界を新たに意味づける、つまりは世界を新たに秩序づけることができる。「内包」としての言葉は不可視の霊的な力であり、いまだ「呪術」が生活のすべてを律している未開の社会、野生の社会においては最大の武器、人々に直接影響を与え、社会に変革をもたらすものであった。未開の社会、野生の社会において、呪術師は社会の秩序を解体し再構築できる力を持つ者であった。詩人にして王であった。

古代の社会において人々は、日常の言葉とは異なった非日常の言葉、呪術的な力に満ちた聖なる言葉によって世界が創造されたと信じていた。世界だけでなく森羅万象あらゆるものが、そこから無限の意味を発生させる「聖なる気息」(聖なる息吹)によって可能になると信じていた。そのようなヴィジョンは現代においては意識的な詩人たちによって担われ、絶対の言葉によって書かれた絶対の作品という理念にまで高められている。しかし、言語が「論理」と「呪術」、「外延」と「内包」の二つの側面を持っているように、情的な詩の裏面には知的な法が秘められていたのだ。

『言語と呪術』では、実に、井筒がこの直後から自身の意味論を展開していくイスラームについてはほとんど論じられていない。つまり、『言語と呪術』は、井筒解釈学の「方法序説」として位置づけられる。しかし、また、この書物の第三章で論じられる詩と法をともに可能にする聖なる言葉とは、イスラームを成り立たせている基本的な構造そのものであり、「聖なる気息」（聖なる息吹）とはイスラームの内部に生まれた特異な解釈学が最終的にたどり着いたその極限、イランの「存在一性論」に言うところの「慈愛の息吹」とともに森羅万象あらゆるものを絶えず産出していく無にして無限の神の姿を先取りしている。『言語と呪術』の同じこの第三章で井筒は老荘思想から儒教まで中国思想全体を貫く「気」を取り上げ、こう記している。

「気」とは、「人を含む全自然のなか、そしてそれを貫いて働く半物質的で半精神的な生命の力、いわば「エラン・ヴィタール」と思ってよい」と。「エラン・ヴィタール（élan vital）」とは、フランスの哲学者アンリ・ベルクソンが『創造的進化』のなかで全面展開した、森羅万象あらゆるものを産出していく「生命の躍動」、生命が持つ原初的な意志（意識）のことである。精神と物質を二つの極とし、そのなかからあらゆる意味（同時に形態）を生み出す原初の意識、それこそが「神」なのだ（ベルクソン自身がそう表明している）。

ここで井筒が述べていることは、ベルクソンのみならず、イラン高原で自らの心の内に「神」へと至る道を探していた神秘主義者たち——「神秘」とは、言語化できない体験を通じて超越者と合一することを意味している――「スーフィー」たちがたどり着いた「神」の姿そのものである。言語の「意味」とは「呪術」であり、その根源には原初の意識にして原初の神が存在する。それが井筒俊彦の哲学的意味論を成り立たせている基本構造である。

『言語と呪術』のなかでは、この後、井筒俊彦の哲学的意味論を構成する二つの柱となっていく「聖なる言葉」を発する唯一にして絶対の「神」も、その「聖なる言葉」を受け取る特別な人間である「預言者」も、正面から論じられることはない。ようやく最終章（第十一章）に至って、預言者ムハンマドを生んだ古代のアラビア、さまざまな精霊たちの「憑依」に満ちたその有様が描写されるだけである。古代のアラビア、そこに広がる砂漠には、精霊を「憑依」させ、詩と散文の中間のような、強烈な力を解放する言葉を発する詩人たちが存在していた。そのなかに神の預言者にして神の使徒となるムハンマドが生み落とされたのだ。

砂漠の詩人たちとムハンマドの語る言葉の在り方はきわめて類似していた。しかしムハンマドは自らが詩人たちと同一の地平に立つことを拒絶する。自分に向けて下された「聖なる言葉」は私的な領域に閉じられた詩ではない。公的な領域に開かれた法、神の法なのだ。『言語と呪術』に続く英文著作の第二弾、『意味の構造』では、ムハンマドが断行した意味の革命の詳細が論じられることになる。預言者は、砂漠の遊牧民たちを統べていた意味の体系を、使われている語彙はそのままに、完全に反転してしまったのである。「部族」を中心に組織されていた倫理にして道徳の体系を、

「神」を中心に組織された倫理にして道徳の体系へと変革してしまったのだ。砂漠の遊牧民たちにとっては最も屈辱的な、僕《しもべ》のようにあること（イスラーム）を、神に対する最も敬虔な態度とした。

意味論的にまとめてみれば、ムハンマドはアラビアの遊牧民たちを統べていた言語体系の「内包」、その指示の向かう先を「部族」から「神」へと、現実の有限の存在から超現実の無限の存在へと、現世から来世へと劇的に変更したのだ。言語の「内包」を変革させることが社会の体制を変革させることにつながっていく。井筒の意味論にとって、言語の「内包」に直接触れ、その指示する先を変えることができる預言者は特権的な存在であった。だからこそ井筒はムハンマドに代表される預言者という存在のあり方と、神が預言者に下した「聖なる言葉」の集成である聖典『クルアーン』を意味論的に分析していくことを生涯の課題として選ばざるを得なかったのだ。

ムハンマドは、すべての意味を唯一の存在である「神」へと向ける。無限の「神」が位置する不可視の世界と、有限の人間が位置する可視の世界は鋭く対立する。その対立を、神から発する「聖なる言葉」だけが一つに結び合わせるのだ。それとともに、神と人間の関係性においても二つの相対立する態度が表面化する。神は人間に対して慈愛に満ちた救いをもたらすとともに峻厳な裁きをもたらす。人間が神に対して「信」を抱けば神は救いで報いてくれるが、「不信」を抱けば裁きで報いる。楽園での憩いを約束してくれると同時に地獄（火獄）の苦しみに突き落とす。

『意味の構造』での分析をもとに、『クルアーンにおける神と人間』において、井筒はムハンマドの意味の革命にして社会の革命によってもたらされたさまざまな二項対立が複雑に重なり合ったイスラーム共同体を統べる意味の体系にして社会の体系の持つ基本構造を綿密に描き出していく。さらに、「信」と「不信」という根本的な対立からなるイスラーム共同体を統べている意味の体系にして社会の体系が、イスラーム以前ばかりでなく、イスラーム以降においていかに変容してきたかが問われたのが『イスラーム神学における信の構造』であった。イスラーム以前は「神」を信じる者たちの集団とその外部に位置する者たちの集団との対立が問題となったが、イスラーム以降は同じ対立が内部に持ち込まれる。真の意味で神に「信」を抱くとはどのようなことなのか。「信」は「知」と両義的な関係を結び、「信」の意味づけによって正統と異端という新たな意味の対立が生起することになった。

この地点にまで到達して、井筒は『クルアーン』に残された「語彙」だけにもとづいた意味論的な分析を放棄する。『言語と呪術』の段階ですでに、言語の持つ指示作用の分析だけではとうてい「意味」の持つ広がり、その根源には到達することができないと説かれていた。井筒はムハンマドが体現する預言者性をさらに突き詰め、いわゆる正統派からは「異端」とさえ断じられた人々が、さらなる「意味」の深みを目指して聖典『クルアーン』を読み進めていったことを知る。井筒の意味論的な探究に大きな変化が訪れる。

預言者は「神の子」という特別な存在ではなく、ごく普通の人間である。ただその点のみがキリスト教とイスラームを遠く分け隔てる。ムハンマドはそう語ってくれていた。有限の人間にも無限の神へと通じる道がひらかれている。預言者は自らの身体と精神を用いて、そのような真実を示してくれた。預言者という存在をモデルとして、今度は自分自身の身体と精神を用いて、神へと至る道を独力で切り拓いていこうとする人々があらわれてくる。スーフィー、つまりは神秘主義者と総称される一群の人々である。

スーフィーたちは身体を安定させ、精神を集中させる。その過程で、精神は日常の表層意識から非日常の深層意識へと至る多層構造をなしていることが分かってきた。内的な精神の集中が深まるにつれ、外的な世界もまた多層構造を持っていること、それを深めることができることも分かってきた。精神の深みにして身体の深み、そこにおいて人間は限りなく神へと近づいていくことができる。スーフィーたちの体験をもとにして、イスラームのなかに新たな意味の変革にして体制の変革が生起する。アラビアのイスラームに対してアジアのイスラーム、イランの「存在一性論」としてまとまる新たな解釈運動である。もはやそこでは人間的な神は必要ない。ただ、あらゆる個別の存在者を生み落とす根源的な「存在」だけが求められていた。

しかしながら、イスラームがイスラームである限り、聖典『クルアーン』を無視することはできない。ムハンマドが砂漠の遊牧民たちを統べる「意味」を変革することによってイスラーム共同体を打ち立てたように、今度はイスラーム共同体のなかで「意味」の変革が起こる。神は絶対的に

「一」なる存在である。その「一」を森羅万象あらゆるものに超越するものではなく内在するもの、森羅万象あらゆるものを自らの内から産出するものとして捉え直す。スーフィーたちが自らの内をきわめることで外なる神と出会ったようにして……。無限の「神」は森羅万象あらゆるものを生み出し、それゆえ、森羅万象あらゆるものに浸透している。産出する「神」と産出された「自然」は等しい。善と悪の二項対立は一元化され、善悪の彼岸に神即自然である「存在」そのものが自らをあらわにする。ここにユーラシアの基層信仰と考えられるシャマニズム、それが帰結する霊魂一元論たるアニミズムと一神教が一つに融合していく契機が生じる。

井筒は老荘思想を可能にしたもの、その基盤にあるものとしてシャマニズムを考えていた。イランの「存在一性論」と老荘思想に体現されたシャマニズムは、ほとんど等しい世界観にもとづいて可能になったものである。その源泉には森羅万象あらゆるものに存在を与え、意味を与える無にして無限の「神」(「道」)が存在する。「慈愛の息吹」とともに万物を産出し続ける「自然」としての神が存在する。そうした異様な神の姿に、折口信夫が提唱した「産霊」もまた容易に重なり合うであろう。それが、井筒俊彦の意味論にして存在論の帰結である。聖典の解釈学、すなわち「批評」が新たな哲学を生み落とした。井筒俊彦の営為をさらに未来へとひらいていかなければならない。そこに哲学の未来にして批評の未来もまた存在する。それを考えるために今度はもう一度、井筒にとってのもう一つの原点にして到着点である列島の思想に戻らなければならない。

列島の批評──「東方哲学」素描

インド亜大陸の付け根、その北端に生まれ、中国大陸、朝鮮半島を経ることで大きく変容し、この極東の列島に根付き、花開いた仏教。当然のことながら、その仏教、いわゆる「大乗仏教」は、インドに生まれた原初の形からは大きく異なるものとなっていた。最大の相異は「空」の捉え方にある。大乗仏教は、「空」を消滅のゼロ、諸要素の関係性を成り立たせる基盤としてのゼロとだけは捉えなかった。そうではなく、生成のゼロ、森羅万象あらゆるものをそのなかに孕み、そのなかから産出する母胎としてのゼロと捉えた。

大乗仏教の「空」は、さまざまな水の変化、雨、露、霜、雪、そして大気、あるいは、液体、固体、そして気体という変化をそのなかで可能とする大空、あるいは大洋（大海）のようなものであった。大空からさまざまに変化した水が生み落とされ、その水は大海となり、さまざまな形、さまざまな変化の可能性を持った波を生み出す。その循環は絶えることがない。生命を持つもの（有情）も生命を持たないもの（非情）も、自らの内、自らの「心」のなかに、潜在的に無限の変化可能性を秘めた「空」、大空にして大海のような「空」を、あたかも胎児のように孕んでいた。「心」とは「空」の母胎である。そうした「空」に到達することこそが救い、つまりは「如来」

（仏）となって永遠の平安を得ることなのだ。心のなかに空を持つ限り、あるいは、空としての心を持つ限り、森羅万象あらゆるものは、如来となる可能性を秘めている。万物は「仏性」（仏としての性、仏となる可能性）をもち、「如来蔵」（如来の種子の蔵、如来の種子を孕んだ子宮としての「心」）を具えている。大乗仏教の主張する「空」は否定ではなく肯定、無限としてのゼロである。それは存在の母胎であるという意味で、明らかに「有」（存在）である。「無我」にして「無常」ではなく、真我にして真実在（真如）である。あるいは、両者を兼ね備えている。そうした真我にして真実在（真如）を、ただ表現のプロセスとして、つまりは「真言」、真なる表現言語として捉える。それが空海とともに井筒俊彦が到達しようとした最後の地点である（本書終章）。

「空」ではなく「有」を主張するがゆえ、大乗仏教は、インドに生まれた原初の仏教――大乗に対する小乗という差別的な価値観にもとづいた名称ではなく、現在では「上座部」という価値中立的な名称が用いられるようになった――を信奉する人々からは、異端として、さらには仏教の教えそのものを逸脱するものとして批判されることになった。「仏性」の思想、「如来蔵」の思想は、森羅万象あらゆるものがそのままで覚り（「本覚」）を得ているならば、仏教という思想にして実践、その修行は、なんら必要なくなるという結論を導き出した。「本覚」の思想は、仏教そのものの否定である。

こうした激烈な批判は、近代の仏教学において、さらには現代の仏教学において、列島の外部からも列島の内部からも、提起され続けている。しかしながら、あるいはそれゆえ、「本覚」の思想へと至る「仏性」の思想、「如来蔵」の思想を、この列島に根づき、花開いた特異な仏教の原型にしてその可能性の中心、さらには仏教をそのなかに含み込んだ形での広義の哲学――近代の哲学――の新たな可能性、すなわち「東方哲学」の基盤となるものと捉え直した思想家たち、表現者たちも存在している。そして、そうした思想家たち、表現者たちは一つの系譜、従来の近代日本思想史とは明白に異なった、しかしながら近代を貫き現代までにも到達するもう一つの近代日本思想史を構築していく可能性を秘めている。

「本覚」という言葉がはじめて明確に記され、「如来蔵」による哲学体系が十全に整備され、展開された『大乗起信論』を読み解くことから自身の仏教、自身の「東方哲学」をはじめた鈴木大拙を一つの起源とし、やはり『大乗起信論』を読み解くことから自身の仏教、自身の「東方哲学」を完結させた井筒俊彦を一つの帰結とした近代日本思想史である。その二人の間に、大拙の『大乗起信論』読解から大きな影響を受け、主体と客体の区分、有限と無限の区分が消滅してしまう「憑依」の体験を理論化していった折口信夫を位置づけることができれば、系譜は完成する。折口による「憑依」の理論化は、おそらくは井筒俊彦の思索に甚大な影響を与え、来るべき「東方哲学」構築の一つの源泉となる。「東方哲学」は、大拙の提唱した「東方哲学《イースタン・ブッディズム》」と、井筒の提唱した「東洋哲学《オリエンタル・フィロソフィー》」の積極的かつ能動的な統合を意図している。

鈴木大拙の側からは西田幾多郎の宗教哲学が生まれ、折口信夫は南方熊楠と柳田國男の間に交わされた論争からはじまる新たな学、民俗学の一つの終着点に位置づけられる。南方は仏教を思索の中心に据え、柳田と折口は神道を思索の中心に据えたとされている。しかし、事実は、より複雑である。折口がフィールドワークを続けた「神楽」は修験道によって可能となり、修験道は神道と仏教の相互浸透、すなわち神仏習合によって可能となった——神仏習合は近代によって創り上げられた概念であるが、以下、そこから価値判断を取り除き用いる（「習合」はきわめて有効な概念であると思われるからである）。森羅万象あらゆるものは如来となるための種子を宿している。如来を胎児のように孕んでいる。そうであるならば、万物は万物と通じ合う。水が、雨、露、霜、雪と変化するように、如来の種子は、動物、植物、鉱物へと変化する。如来の種子を孕んだ人間は、森羅万象あらゆるものに変身することができる。

神楽は、如来としての種子、胎児としての如来をそのまま舞台へと上げる——神楽を発動させる荒ぶる神、荒神は「胞衣」を被っている、つまりは自らのなかに無限の変化可能性を潜在的に秘めた強度に満ちた卵細胞のようなものとして捉えられていた。自らの内を流動する強度の流れのなかからあらゆる器官を発生させていく生殖細胞そのものであった。それが神楽を、あるいは神楽を可能にした修験道を、さらにはそれら野生の芸能を「幽玄」の芸術として昇華させた能楽を貫く、舞台の論理にして変身の論理の中心に位置するものだった。強度の生殖細胞である「如来蔵」は、

「翁」と呼ばれ、「宿神」と呼ばれていた。中世の神道は、森羅万象あらゆるもののために生命の根源たる卵、つまりは「霊魂」を産出し、「霊魂」を付与することで生命を活性化させる根源神にして至高神を『古事記』の冒頭に出現する神、「産霊《むすひ》」の神とした。

「産霊」の神を中核とし、「産霊」の神の力が神々のみならず自然現象のすべてに浸透していると説く『古事記』が広く読まれはじめるのは古代ではなく、中世のことであった。前述した通り、そうした、『古事記』の中世的な読解を徹底し、そこに一つの完成をもたらしたのが近世最大の注釈者、本居宣長であった。宣長は言う。ムスは苔が「生《む》す」ようにさまざまな生命が萌え出でること、成り出でることを意味し、ヒは「霊《ひ》」の力を意味する、と。折口は、本居宣長に端を発し、平田篤胤がキリスト教さらにはヒンドゥー教を内に取り込むことで拡大した「産霊」の神学（つまりは「国学」）を現代に引き継いだ者こそが自分なのだ、と事あるごとに宣言していた。「憑依」とは、人間的な自我を打ち壊し、そのなかに秘められていた霊魂の力、「産霊」の力を解放することなのだ。原初の神とは「たま」（霊魂）である。それが折口学全体を貫くテーゼであった。

仏教における「如来蔵」の思想がなければ、神道における「産霊」の思想が形を整えることはなかった。「如来蔵」は「産霊」であり、「産霊」は「如来蔵」である。そのことによって、神の根源にして根源の神と、仏の根源にして根源の仏は、互いに浸透し合い、一つに融け合うことになった。鈴木大拙は自身の仏教の核に「如来蔵」を据える。折口信夫は自身の神道の核に「産霊」を据える。

それは、列島の中世、列島に固有の諸神混交の時代に生起した思想にして表現の可能性を、世界の近代、世界に普遍の諸神混交の時代にふさわしく、まったく新たな相貌のもとに甦らせることでもあった。そして、その系譜の最後に位置し、大拙の仏教と折口の神道を創造的に引き継いだ井筒俊彦は、さらにそこに、近代的に再構築(脱構築)された一神教を接合する。

しかしながら、井筒が生涯をかけて探究したのは、万物を超越する一神ではなく、万物に内在する一神である。ユダヤ教、キリスト教の伝統に連なるとともにその伝統を刷新し、純粋化していったイスラームのさらなる東方的な展開である。井筒が生涯をかけて探究したのは、アラビア半島に生まれた森羅万象すべてに超越する神、スンナ派の神ではなく、イラン高原で育まれた森羅万象すべてに内在する神、シーア派の神であった。イラン高原では、神は「存在」と言い換えられていた。「存在」の根源にして、根源の「存在」である「神」、そこから森羅万象あらゆるものが産出される。その「神」は一なる神——一神教すべての根幹となる唯一無二の神——を可能にする「無」の神、より正確には、「無」にして無限の神であった。森羅万象あらゆるものは、「無」にして無限である神から発せられる慈愛の息吹とともに生み出され、それゆえまた、「無」にして無限である神へと帰還する。無から一を通して多へ、多から一を通して無へ。世界は、あるいは宇宙は、神の息吹、神の鼓動とともに生まれ、そしてまた滅び去る。その往還運動はやむことがない。

鈴木大拙の仏教、折口信夫の神道、井筒俊彦の一神教、すなわち、鈴木大拙の「如来蔵」、折口信夫の「産霊」、井筒俊彦の「無」の神。これらはすべて極東の列島に伝えられ、根付き、変容した大乗仏教を、さらに現代的に換骨奪胎し、更新することで可能になったものであった。それらはすべて「本覚」の思想の、ある種のヴァリエーションでもある。森羅万象あらゆるものは、そのあるがままで仏となり、神となる。それゆえ、「本覚」の思想はすべて体制を肯定する思想であり、体制を批判する思想にはなり得ない。全体主義を補完し、あるいは、全体主義の源泉となった思想である。鈴木大拙の仏教も、折口信夫の神道も、井筒俊彦の一神教も、彼らが活躍していた当時から現在に至るまで、そう批判され続けている。実際に、彼ら三人とも、世界大戦に対して積極的な反対を示すことができなかった。ただし、積極的な賛成をしていたわけでもない。

それでは、鈴木大拙の仏教、折口信夫の神道、井筒俊彦の一神教は否定されるべきものなのか。断じて、そうではあるまい。如来蔵の思想のすべてを否定してしまうことは、最澄と空海以降にこの極東の列島に展開された仏教思想のすべてを否定してしまうことにつながる。「本覚」の思想は、最澄と空海、天台宗と真言宗の創造的な交錯から可能になったものだ。また、そのいずれもが修験道と深い関係を持っていた。最澄の天台宗は、『法華経』を中心に密教と禅と浄土の総合を説くものである。空海の真言宗は、『華厳経』を土台に密教への飛躍を説くものである。『法華経』と『華厳経』、密教と禅と浄土。それらはすべて如来蔵の思想を基盤としてなった「経」であり、教え——理論と実践の体系——であった。最澄と空海が生まれた八世紀は、『古事記』と『日本書紀』

が編纂されたとされる世紀でもある。

つまりこのとき、文字通り、「日本」が過不足なく、神話としても文化としても、成り立ったのだ（そういった意味で「日本」とはきわめて新しい概念でもある）。それゆえに、「如来蔵」の思想を問うことは、「日本」の思想そのものを問うことと等しい。「如来蔵」の思想が持つ可能性と不可能性は、「日本」の思想の持つ可能性と不可能性そのものである。鈴木大拙の仏教、折口信夫の神道、井筒俊彦の一神教は、世界が一つになった近代という地平から「日本」の思想の起源にさかのぼり、それを近代という地平に力強く再生させたものである。そのようなことができたのは、彼らが「外」を生き、他にして多を否定する「純粋」ではなく、他にして多を許容する「不純」を生きたからだ。「如来蔵」の思想は、異なったもの同士を一つにつなぎ合わせる。だからこそ、「純粋」を志向する者たちからは激烈な批難を浴びたのだ。

鈴木大拙は僧侶ではなく居士であり、折口信夫は神職に就かず教祖にもならなかった。そして井筒俊彦はムスリムではなかった（ただし世界大戦中の井筒の動向に関しては疑義がある）。仏教の外、神道の外、一神教の外から、その可能性の中心を論理的に思考し、詩的に表現した。その際、彼らは比較を恐れなかった。いずれもが、仏教と神道と一神教を同一の地平から思考した。ヨーロッパとアメリカで生起したキリスト教の神秘主義的な解釈をもとに、列島の仏教と神道が持つ可能性を読み解いていった。

「外」なる混沌、雑多にして不純のなかに秩序を見出した。だからこそ如来蔵だったのだ。また、だからこそ、新たな混沌の時代、新たな諸神混交の時代である現在、彼らの営為を、来たるべき「東方哲学」として考えることが可能になるのだ。その点に、彼らの宗教思想としての限界（他にして多なるものを許容しすぎてしまう）と、哲学思想および芸術表現としての可能性（他にして多なるものの許容こそがふさわしい）がいまだに秘められていると思われる。

＊

鈴木大拙、折口信夫、井筒俊彦は、互いに直接的あるいは間接的な関係を持ちながら、極東の列島で固有の深化を遂げた大乗仏教の如来蔵思想にもとづき、それぞれ、独自の学の体系を築き上げた。彼らの学と表現は、互いに交響し合い、共振し合うものであった。最後に、鈴木大拙の営為を中心にその軌跡を簡単にまとめ、「東方哲学」の可能性と不可能性の判定を未来に託しておきたい。

鈴木大拙は「禅」の思想家であり、「禅」の実践者であると言われ続けてきた。もちろん、その評言に誤りはない。しかし、中国――決してインドではなかった――で、「禅」の教義と実践の体系が整えられるためには、『大乗起信論』というそれほど厚いわけではない一冊の論集に集大成された「如来蔵」の思想が必要不可欠であった。禅とは如来蔵としての「仏性」に、いまここで、いまこの身体を介して到達する手段であった（禅以外のすべての手段を捨て去ってしまった道元のテクストにさえ「仏性」という概念が覚りの核心として出現する）。そして、大拙は、最も初期の著作から晩年の著作に至るまで、一貫して「如来蔵」に依拠している。大拙は「禅」の思想家であると同時に、ある場合にはそれ以上に、「如来蔵」の思想家と呼ばれることがふさわしい。

大拙にとって最初の代表作となったのが、英語で書き上げられた『大乗仏教概論』（一九〇七年）である。この大著の核となっているのは、それに先だって、やはり大拙自身が英語に翻訳した『大乗起信論』（一九〇〇年）であった。『大乗仏教概論』は、『大乗起信論』の英訳で提出された諸概念をもとに、その構成が整えられていった。中心となるのは真如、如来蔵、アーラヤ識という三つの認識概念、法身、報身、応身という三つの存在概念である。真如（あるがままの真実）は如来蔵でありアーラヤ識（「個」の意識にして存在を成り立たせる、より根源的な「超個」の意識にして存在）である。如来蔵としてのアーラヤ識によって、有限と無限、「個」である人間（衆生）と「超個」である仏（如来）、外なる物質と内なる精神、刹那と永遠、迷い（始覚）と覚り（本覚）は一つにつながり合い、相互に転換し合う。

人間は、「心」のなかに——あるいは「心」としての——如来を宿している。如来は唯一無比にして無限の存在、永遠の存在である。無限としての「空」である。そのような在り方を法身（「法」としての身体）という。法身は、自らのなかから無限の存在可能性、無限の属性である報身を産出する（「法」が「報」された身体）。報身はこの世界の理念的な原型となる。その報身が具体的な姿をとったもの、現実に受肉したものが応身である（「報」がさらに「応」じられた身体）。応身として多様に出現する個体のなかには、報身としての無限の可能性が理念として秘められており、さらにそれらの源泉として、唯一にして無限の法身が孕まれている。大拙は、法身・報身・応身の関係を、スピノザが神即自然の構造として抽出してきた実体・属性・様態――無限の属性をもった唯一の実体、その本質が具体的に変様したものとしてあらわれる様態――という術語から説明している。それが大拙による「東方哲学」の基本構造である。

「如来蔵」と「法身」は、やはり英文で書き上げられた博士論文、『楞伽経《りょうがきょう》研究』（一九三〇年）の中心課題となり、さらには戦中から戦後に書き継がれた「禅思想史」の中心課題ともなった。その「禅思想史」の完結編である『臨済の基本思想』（一九四九年）のなかで、大拙は、多と一、相対と絶対、有限と無限、個と超個が一つに結ばれ合う場として「人」という概念を提出する。「人」のなかで――「人」という場で――唯一（「独一」）なる個である人間と唯一（「独一」）なる超個である神が対面し、合一を遂げる。個にとって超個は最も遠い存在であると同時に最も近い存在である。神は人間から超越するとともに、人間に内在している。

大拙は、臨済の禅思想、「人」の思想を説明するために、ギリシアの哲学者プロティノスの『エネアデス』から引用する。プロティノスは「一者」から森羅万象あらゆるものの流出を説いていた。「一者」は光のなかの光である。大拙は続ける。プロティノスが「一者」の在り方を無限に重なり合う光として表現したことは、自分が「法身」を説明する際に用いた『華厳経』が描き出した、やはり無限に重なり合う光の世界とほとんど等しい、と。無限の「度」をもった無限の光を産出し続ける、光のなかの光。光は光のなかに融け合う。大乗仏教の「法身」とギリシア哲学の「一者」は等しい。それが、大拙による「東方哲学」の結論だった。

同じこの年（一九四九年）、井筒俊彦は、自身の「無垢なる原点」と称する日本語で書き上げられた大著、『神秘哲学』を刊行する。その『神秘哲学』の冒頭に付された「序文」（現行では第二部の巻頭）をはじめるにあたって、井筒は、大拙とまったく同じプロティノスの断片を引く。神秘主義（神秘哲学）は、プロティノスの言う通り、ただ独りなる神の前に、人間がただ独り立つことによってはじまる。ただ独りなる神は、人間を無限に超絶する「遠き神」であるとともに、人間の心の奥処よりもさらに内密な「近き神」でもある。『神秘哲学』の結論は、プロティノスの「一者」とは、プラトンの「イデア」（静的な「一」）とアリストテレスの「質料および形相」（動的な「多」）との創造的な総合であり、それゆえ、ギリシア神秘哲学の完成でもある、という点にある。「一者」から森羅万象あらゆるものが段階的に流出し、段階的に帰還する。おそらくは、このプロティノスの「流出」をスピノザ的な「表現」へと徹底するところに、井筒思想の未来がおのずから立ち現れてくるはずだ。それは井筒個人の思想を越えて、来るべき世界哲学の課題ともなるはずである（本書終章）。

井筒は、『神秘哲学』の段階では、ギリシア神秘哲学をキリスト教神秘哲学に接合することを希求していた。しかし、エラノス会議――最初に招かれた日本人が大拙であり、二番目が井筒であった――への出席を重ねるにつれ、井筒の関心は「東洋」へと傾いてゆく。そして、死の直前に完成し、書物としては没後に刊行された『意識の形而上学――『大乗起信論』の哲学』（一九九三年）の「序」では、『大乗起信論』の「真如」が取り上げられ、プロティノスのいう「一者」と等しいと宣言されることになる。それだけではない。井筒は、こう続けていく。『大乗起信論』の「真如」は、プロティノスの「一者」であり、老荘思想の「無」であり、ヒンドゥーのヴェーダーンタ哲学にいう「ブラフマン」（宇宙原理）であり、さらにはイランのイスラームにいう無としての「神」と等しいのだ、と。それが、井筒俊彦による「東方哲学」の結論である。

井筒俊彦にとって、神秘哲学の起源にして「東方哲学」の起源でもある『神秘哲学』は、二部からなっていた。第二部で、プラトン、アリストテレス、プロティノスというギリシア哲学の巨人たちが論じられているとしたなら、第一部では、その哲学の源泉となり基盤となった特異な体験が論じられていた。井筒は、哲学の起源に「憑依」を見出す。プラトンが世界の根源にして自然の根源であるイデアに到達するためには、ディオニュソスの「憑依」がギリシア全土を覆い尽くさなければならなかった。ディオニュソスは女たちに憑依し、自らの化身である聖なる獣を生のまま喰らわせる。そのとき、聖なる獣を介して、憑依する神と憑依される女たちは一つに融け合う。神と人間と獣の差異が消滅する。人間は、人間的な自我から抜け出し（エクスタシス＝脱自）、そのことによって森羅万象あらゆるものが神的な様相を呈するようになる（エントゥシアスモス＝神充）。「脱自」にして「神充」の体験を哲学的に表現するとプラトンのイデアとなり、そこからアリストテレスの質料形相論を介してプロティノスの「一者」が生み落とされた。

井筒俊彦に、「憑依」からこそ「表現」がはじまると教示したのは、おそらくは、『古代研究』に収められた「国文学の発生」（全四稿）で、文学は「神憑り」からはじまると説いた折口信夫であろう。その背景は第一章で述べた。その折口に、「憑依」の持つ哲学的な可能性を示唆したのは、大学に入学した折口がはじめて生活を共にした九歳年長の僧侶、藤無染であったはずだ。藤無染は、『大乗起信論』の英訳から『大乗仏教概論』の執筆に至る大拙の営為を熟知していた。さらには、仏教とキリスト教が同一の教えであるという「一元論」の主張についてさえも。

折口の大学卒業論文『言語情調論』は、主客の区分が消滅してしまう際に発せられる現実の言葉とは異なった超現実の言葉、「神憑り」（宣託）の言葉のなかに詩的言語の発生を幻視するものであった。それが「国文学の発生」にダイレクトにつながってゆく。さらには世界大戦後、神道を復活させるために折口が比較の対象に選んだのはキリスト教である。キリスト教の「神」に充分対応することのできる神道の原理として、折口があらためて抽出してきたのが「産霊」の神であった。ここにおいて、「東方哲学」の一つの輪が閉じられ、また開かれることになる。

終章　哲学の起源、起源の哲学

I　井筒俊彦と空海

井筒俊彦の遺著となったのは「『大乗起信論』の哲学」とサブタイトルが付された『意識の形而上学』（一九九三年）である。井筒は、その生涯の最後に、『大乗起信論』に説かれた如来蔵思想を、「東洋哲学全体」に通底する「共時論的構造」を把握するための貴重な一つの例として取り上げた。森羅万象あらゆるものは、如来となって覚りを得る可能性を、その心のなかに、あたかも胎児のように孕んでいると説いた論である。心、つまりは多層構造をなす意識の最も奥底に広がるアーラヤ識にこそ如来となるための可能性、その種子が潜在的に秘められている、と言うのである。如来蔵はアーラヤ識である。心とは如来となる可能性を孕んだ子宮である。それが『大乗起信論』の結論であった。

第二章でも述べた通り、井筒が、そのような如来蔵思想を説く『大乗起信論』に注目したのは英文で書かれた『スーフィズムと老荘思想』（一九六六―六七年）を刊行した前後であった。井筒は、その代表作を成り立たせている一方の極、イランのイスラームに生まれた神秘主義思想、スーフィズムを基盤として形となったイブン・アラビーによる「存在一性論」を説明する際に、『大乗起信論』で使われた語彙を用いてその思想体系のすべてを説明したという。唯一の存在――アッラー以前の「神」、「一」なる神以前の「無」としか形容することのできない神――から森羅万象あらゆるものが産出されてくる、「慈愛の息吹」とともに生み出されてくるという教えである。

有神論、一神教の極であるイランのイスラームに生まれた「存在一性論」が『大乗起信論』に説かれた如来蔵思想と比較可能な思想の構造を持つとするならば、井筒が『スーフィズムと老荘思想』で取り上げたもう一方の極、無神論の極である中国に生まれた神秘主義思想、老子の説く万物の母胎としての「無」あるいは「道」、さらには荘子の説く「渾沌」もまた如来蔵思想と比較可能な思想の構造を持っているはずである。「無」あるいは「道」、さらには「渾沌」から森羅万象あらゆるものが産出されてくるのである。井筒は、スーフィズムと老荘思想の間、イランと中国の間に、『大乗起信論』が説く如来蔵思想を位置づけているのだ。如来蔵思想を介して、スーフィズムと老荘思想の比較が真に可能となるのだ。それが、井筒による比較東洋哲学の持つ基本構造である。『大乗起信論』が説く如来蔵思想を自身の哲学の核としたのは井筒だけではない。この極東の列島に独自の仏教文化を根付かせた、まさにその起源に位置する人物、空海にまでさかのぼる。それゆえ、当然のことではあるが、比較東洋哲学を掲げた晩年の井筒も、空海の営為あるいは空海の思想に甚大な関心を抱いていた。結局、形になったものとしては講演原稿に手を入れてなった一篇の論考、サブタイトルに「真言密教の言語哲学的可能性を探る」と付された「意味分節理論と空海」（『意味の深みへ——東洋哲学の水位』岩波書店、一九八五年所収）しか残されなかったが、遺著となってしまった『意識の形而上学』を書き進めながら、井筒の前に、まさに「東洋哲学全体」に通底する「共時論的構造」を明らかにする特権的な実例として空海の営為、空海の思想が立ち現れてきたことは疑い得ない。しかしながら、井筒が如来蔵思想をつねにイランのイスラーム、「存在一性論」との比較という視点から論じているために、近年、井筒の大乗仏教理解、空海理解について厳しい批判が提出されている。

井筒が論じる如来蔵思想、さらにその読解にもとづいた空海理解は、絶対的な一者からの「発出論」（流出論）に傾きすぎているのではないかというのがその主旨である。そうした井筒批判を代表するものとして、『空海の言語哲学——『声字実相義』を読む』（春秋社、二〇二一年）の最終章（第五章）をわざわざ「井筒俊彦の空海論について」と題し、井筒の空海理解に疑問を呈した竹村牧男の著作をあげることができる。竹村による井筒批判の核心は、次の一節に尽きる――。

それは一種の創造説でありまた発出論的な世界観である。しかし仏教は、唯一の絶対者、創造神は説かず、また一つの原因から世界が展開するという説も斥ける。はたしてカオスからコスモスへという発出論的な世界創造説が、空海の密教とも整合的かどうかはかなり疑問である。もしも密教がそういうものであるならば、仏教とは言えないものとなるであろう。

竹村の整理によるならば、井筒の空海理解の誤りは、空海の思想の体系を「一種の創造説でありまた発出論的な世界観」として捉えたところにある。逆に述べるならば、空海の思想は断固として創造説ではなく、発出論でもない、ということになるだろう。しかし、本当にそうであろうか。少なくとも、空海が依拠した「両部の大法」、『大日経』(『大毘盧遮那成仏神変加持経』)と『金剛頂経』(正確にはその初会《しょえ》の冒頭部分に過ぎない『金剛頂一切如来真実摂大乗現証大教王経』、略して『真実摂経』とも)、さらには、それぞれの由来も、それぞれが持つ教えの構造も互いに大きく異なった「両部の大法」を一つに統合する、不空の訳出になる『菩提心論』(『金剛頂瑜伽中発阿耨多羅三藐三菩提心論』)などを読む限り、それらに依拠した空海の思想そのものが、濃厚に創造論的であり、発出論的(流出論的)な構造を持っていると私には思われるのだ。「法身」という一者からの「流出」こそが空海の教えの核心をなす——詳述することはできないが、藤井淳による大著、『空海の思想的展開の研究』（トランスビュー、二〇〇八年）の結論でもある。「真言」から「真如」が流出し、「真如」は「真言」として表現されてはじめて成り立つのである。

空海の「流出」論が持つ基本構造を明らかにするために、まずはその思想成立の背景、空海が自身の理想としたであろう不空（七〇五―七七四）との関係を考えてみたい。空海が終生重視し続けた『菩提心論』も、建前上、真言宗第三祖である龍猛（龍樹）、いわゆる超人間的な始祖および第二祖、毘盧遮那および金剛薩埵――直接には金剛薩埵――から「南天の鉄塔」のなかで直接教えを受けたとされる龍猛がサンスクリットで著わした書物を、不空が漢語に翻訳したとの体裁をとっている。しかしながら、中国での撰述、不空自身の著述になる可能性が高いのではないかと疑われているものなのである。『観無量寿経』などサンスクリット原本が発見されていない（おそらくは存在しない）、中国で撰述されたと考えられる経典からの「引用」が見出されるのだ。『菩提心論』は不空による「両部の大法」の総合である。そうであるならば、空海の思想はつねに不空の思想とともにあったと言える。それゆえ、空海の教えとは不空の教えそのものでもあった。空海は、なによりも不空によって訳出された、『真実摂経』をはじめとする広義の『金剛頂経』系統に属する膨大な新訳経典類をこの極東の列島にはじめて請来した者だったからである。それが空海の誇りであった。

そうした成果の報告こそが空海による『請来目録』であった。今日の研究によれば、不空の教えが大唐帝国に広がるにあたって、最も大きな力を持ったのはソグド人たちであったとされている。ソグド人たちのコロニーによって不空の教えが育まれ、それゆえに不空は多くのソグド人たちを弟子として迎え入れた。さらに不空自身もまたソグド人の血を引いているともいわれており（ただし相互に矛盾する複数の説がある）、大唐帝国の存亡をかけて不空が対抗しなければならなかった安禄山は確実にソグド人の血を引いていた。ソグド人は広義のアーリア――イランの語源でもある――の民に属し、イランと中国、すなわちサーサーン朝ペルシアからアッバース朝イスラームにかけてのイランと、隋から唐にかけての中国を、シルクロードを介して一つに結び合わせた交易民でもあった。大唐帝国に三夷教、ゾロアスター教、マニ教、ネストリウス派キリスト教をもたらしたのもまたソグド人たちであった。そう推定されている。不空の仏教は、三夷教を超えるものでなければならなかった。つまり、不空の仏教とは、インドの仏教でも中国の仏教でもなく、ソグド人たちの仏教であった。そうした不空の仏教、つまりはアーリア人たち、イランへと連なる人々の仏教が、空海の思想の根幹をなしているのである。井筒が最晩年、空海を論じなければならなかったのは偶然ではなく、必然であった。

不空だけではない。『請来目録』に空海自身が、サンスクリットの師としてその名をあげている般若もまた罽賓《けいひん》国――現在のカシュミール近辺――の出身であり、自らがもたらした『六波羅蜜経』（『大乗理趣六波羅蜜多経』）を漢語に翻訳するために、まず助力を頼んだのが景教僧、ネストリウス派キリスト教徒の景浄、アダムであった。アダムもソグド人であった可能性が高いと考えられている。残念ながら、般若とアダムによる『六波羅蜜経』翻訳の試みは当時の皇帝であった徳宗の介入によって日の目をみることはなかった。『六波羅蜜経』はあらためて漢語に翻訳し直され、それが空海を通して列島に請来された。キリストの神性よりも人性を重視し、マリアを聖母として認めることを拒否した廉《かど》で異端宣告を受けたネストリウス派キリスト教徒たちはシリアを本拠地として、ギリシア哲学をシリア語に翻訳することで自らの教えのなかに導入し、サーサーン朝によって篤く保護され、そこから中央アジア、西域から中国、唐へと宣教していった。現在でも、イランにおいて、ネストリウス派キリスト教を信奉する者たちの教会が残されている。もし、当初の形で『六波羅蜜経』の漢語訳が公布されたとしたのなら、それは大乗仏教の名のもとで流出論と創造論を総合したもの、ギリシアのイデア論とシリアの一神論を総合したものであったはずだ。

空海は、創造論的であり発出論的（流出論的）な翻訳の現場、イラン的でありギリシア的でもあった翻訳の現場のごく近くにいたのである。井筒の空海理解が創造論的で発出論的なのではなく、空海の思想そのものが創造論的で発出論的な側面を色濃く持っていたのである――以上、不空と般若については、中田美絵による二篇の論考、「不空の長安仏教界台頭とソグド人」（『東洋学報』第八九巻第三号、二〇〇七年）および「八世紀後半における中央ユーラシアの動向と長安仏教界――徳宗期『大乗理趣六波羅蜜多経』翻訳参加者の分析より」（『関西大学東西学術研究所紀要』第四四輯、二〇一一年）を参照している。

私が指摘したいのは、ただそれだけ、空海の思想そのものが創造論的で発出論的な構造を持っているということだけではない。唯一の存在からの万物の発生を説きながら、しかしそれでも空海は、具体的な個物としてあるこの「私」という存在を決して見失うことはなかった。唯一の存在に、森羅万象あらゆるものを溶解させるだけではなかったのだ。逆に、唯一の存在をこの「私」に内在化させたのである。そう思われる。不空の弟子たる空海にとっては、万物の起源に位置づけられた唯一の存在もまた、「私」という一人称単数を用いて、永遠の法を語り出す。無限の存在である法身、毘盧遮那如来も「我」として語り、そこから生み出された有限の存在であるこの身体、具体的な個物としてあるこの私もまた「我」として語る。「我」として語ることにおいて無限の法身である毘盧遮那如来と、有限の身体を持った有限の個物、人間としてのこの私もまた一つに重なり合う。「我」が重要なのではなく、語ること、表現することにおいてのみ無限の「我」と有限の「我」が等しくなる。それこそが、空海による「密」の教え、大乗を超え出た金剛乗を定義づける「法身説法」にして「即身成仏」の教えを可能にするものだった。「法身説法」と「即身成仏」は別々の教えではない。まさに不二の――二つで一つの――教えなのである。そしてその教えを空海は不空の助けを借りて、『大日経』と『金剛頂経』から直接引き出したのである。

＊

弘仁一四年（八二三）の一〇月一〇日という日付が記された『真言宗所学経律論目録』、真言宗をきわめるために学ばなければならない経と律と論の目録（通称『三学録』）のなかで空海が弟子たちに提示した論はただ二つ、前述した不空訳出になる『菩提心論』と、これもまたきわめて疑わしいが、龍猛が著わしたとされる『大乗起信論』の特異な注釈書、『釈摩訶衍論』の二つであった。つまり、真言をきわめるために、その行者となったものたちは、なによりもまず『菩提心論』を読み、『釈摩訶衍論』を読まなければならなかったのだ。この二つの論が真言の理論を成り立たせている。しかもその両者は、如来蔵によって一つに結び合わされていた。『菩提心論』には、こう書かれている。真言の行を実践するものは、なによりもまず知らなければならない。一切の有情はみな如来蔵の性を包含しており、それゆえに、無上菩提の境地に安住することに堪え得べき力を持っている、と（「知一切有情　皆含如来蔵性　皆堪安住無上菩提」）。如来蔵の性を持つことが「即身成仏」の条件にして前提となるのである。空海とは、如来蔵の哲学者であった。

『釈摩訶衍論』は、如来蔵を説いた『大乗起信論』の注釈書であるので、如来蔵が論の主題であるのは当然ではあるのだが、もう一つ、同じこの『釈摩訶衍論』のなかで、『大乗起信論』においては言説から絶対的に離れた存在であった「真如」を、如来としての言葉、「如義語」としてならば十全に語ることができると説かれていたことが重要である。ここに、「真如」を「真言」として表現するための基盤が与えられた。この後、空海が「法身説法」を論じる際に必ず言及する箇所でもある。しかも、この『釈摩訶衍論』は「真言」という名のもとで、とうていサンスクリットとしては理解不可能な、奇怪にして奇妙な記号群――おそらくは朝鮮半島の道教に由来する呪言(呪文)であると推定されている――が多量に収められていた。そのことによって、空海と浅からぬ縁を持っていたとも推定されている大安寺の戒明が請来した時点から偽書として糾弾され続けてきた、いわくつきの論でもあった。「如義語」についても、何ら根拠を示すことなく、その存在の正当性を断言している。解釈学的にはきわめて怪しく、また同時にきわめて危険な書物である。

空海は、そうした『釈摩訶衍論』を、唐に渡る以前、『聾瞽指帰』(『三教指帰』の原型)を書き上げた段階から最晩年に至るまで、「法身説法」の証明として用い続けるのである。『聾瞽指帰』の本文中に、『大乗起信論』に由来する「四鏡」の比喩のみならず、『釈摩訶衍論』からの直接の引用と考えられる印象的な文言が、少なくとも二箇所残されている。サンスクリットを正規に学ぶことによって、空海は、『釈摩訶衍論』が典型的な偽書であることを充分に理解していたはずである。しかしながら、それでもなおかつ空海は『釈摩訶衍論』に依拠することを決してやめなかったのだ。絶対的に「一」なるものである法身の説法、如来の「如義語」、つまりは如来の「真言」から森羅万象あらゆるものが産出されてくることを証明するために。『釈摩訶衍論』だけがその証拠になるのである。『大乗起信論』を創造論的かつ発出論的に誤読しているのは、意図的にそう誤読しているのは、井筒俊彦ではなく、空海その人なのである。井筒俊彦は、空海のそのような創造的な誤読を、ある意味においては極限にまで展開しているのだ。空海は、なによりも『釈摩訶衍論』によって法身、毘盧遮那如来は真実の言葉、「如義語」を語るという確証を得たのである。そうした事実は揺るがない。『大乗起信論』がインドではなく中国で撰述された正体不明の論であるならば（現在ではそう推定されている）、その特異な注釈書である『釈摩訶衍論』は、さらにそれに輪をかけて正体不明の論であり、もはやオリジナルもコピーも存在し得ないような、すべてが偽物であり、すべてがオリジナルの分身にして鏡像であるような、過激な翻訳の時空にして解釈の時空に生み落とされた異形の書物である。そのような書物を参照し続けることによって、空海の仏教は、とうてい「仏教とは言えないもの」となった。空海は仏教を解体し、それを再構築、つまりは「脱構築」しているのである。

『菩提心論』は、「即身成仏」を「行願」、「勝義」、「三摩地」の三段階に分けて論じてゆく。「行願」では、一切の有情の持つ如来蔵性が記され、「勝義」では一切の法には自性がないこと、つまりは空性が論じられている。そのような空性の基盤に立ち、「三摩地」では、それでは一体、「即身成仏」が、いかにして可能になるのかが論じられてゆく。龍猛つまりは不空が、まず取り上げるのが『大日経』で説かれた阿字観であり、次いでその方法を補完するために取り上げるのが『金剛頂経』で説かれた五相成身観である。阿字観を五相成身観によって完成させるのである。その際、龍猛すなわち不空が依拠している『大日経』においても、『金剛頂経』においても、無限の法身である毘盧遮那如来も、有限の身体を持った真言行者も、ともに曼荼羅に入り、その中心で「我」（aham）というサンスクリットの人称代名詞、一人称単数主格を用いて語り出すのだ。『金剛頂経』にはサンスクリット写本が残され、『大日経』はいまだサンスクリット原典が発見されていない。しかし、『大日経』に残された漢語による「真言」を還梵することによって、「我」がほぼ間違いなくahamというサンスクリットの一人称単数主格を漢語訳したものであることが分かる。

また、『菩提心論』では、阿字観と五相成身観を一つに総合させる直前に、『金剛頂経』に由来する三七尊からなる金剛界曼荼羅の中心をなす五仏にして五智は、そのいずれもが中央の法界体性智を体現する大毘盧遮那から「流出」した、と記されている。当然のことながら、『菩提心論』もサンスクリット原典が発見されておらず（そのようなものは存在しなかったとも思われている）、直接原文にあたることは不可能である。しかしながら、『金剛頂経』にはサンスクリット写本が残されており、それらに厳密な校訂を施した堀内寛仁の『初会金剛頂経の研究——梵蔵漢対照 梵文校訂篇』の上巻（密教文化研究所、一九八三年）を参照するならば、ここで不空が「流出」という漢語に訳しているサンスクリットの原語が、動詞語根 niś-√car であることが推定される。モニエルは、その動詞に、文字通り issue out「流出する」、あるいは go out「発出する」という訳語をあてている。一切如来としての毘盧遮那如来から四仏が「流出」し、「発出」しているのである。曼荼羅の中心、根源的な一者からの「流出」あるいは「発出」を説いていたのは他ならぬ不空であり、『金剛頂経』であったのだ。空海はそうした不空の解釈に忠実に従い、井筒俊彦もまたそうした空海の解釈に忠実に従っているのである。そもそも『金剛頂経』の体系自体が創造論的であり、発出論的であったのだ。竹村牧男は、なぜかそうした事実を、意図的に無視している。

『大日経』もまた、自身の曼荼羅、大悲胎蔵生曼荼羅、諸仏を「発生」させる曼荼羅（「発生諸仏漫荼羅」）の中心に位置する毘盧遮那世尊に、「我」という一人称単数を用いさせて、宇宙発生の基盤に存在する「我」の在り方について語らせている（「転字輪漫荼羅行品　第八」）。「我一切本初　号名世所依　説法無等比　本寂無有上」。「我は一切の本初なり　号して世所依と名づく　説法に等比なく本寂にして上あることなし」。「我」は一切のものの根源であり、そのはじまりである。だから、この世界の拠り所であると号している。「我」の説法は、他に較べるものもなく、その本性においても、それ以上に寂たるもの、「空」たるものは存在しない。如来がこのような聖なる言葉を発した際、その身体を形づくるありとあらゆる場所から「字」が、「阿字」が生じ、世界に存在するありとあらゆるものに覚りの境地をもたらした、と続けられていく。漢語に訳出された『大日経』の末尾、巻第七は「持誦法則品」と題され、曼荼羅に入った真言行者に、阿字観を経ての成仏が具体的に説かれている。行者は「阿字」を転じて「大日尊」と成し、その無限の身体を自らの有限の身体と同等のものと為さしむるのだ。「阿」(阿字)は万物の母であり、同時に万物の否定、「空」である。その「阿」(阿字)こそが毘盧遮那の身体であり、その身体から森羅万象あらゆるものが「発生」してくるのである。まさに「存在とはコトバである」。井筒俊彦の読解は、少なくとも、『大日経』に関する限り、きわめて正当なものである。現代において真言教学を推し進めている研究者たちが井筒の解釈を支持する所以でもあろう(もちろん批判も存在する)。

『金剛頂経』の五相成身観は、『大日経』の阿字観を補完する。無限の法身である毘盧遮那世尊の側から語り出された「我」に対して、有限の身体を持った行者の側から「我」と応えるのである。曼荼羅に入り、心のなかに金剛杵をイメージしながら「我」と語り出す行者と、三七尊を「流出」させる曼荼羅の中心に位置する世尊毘盧遮那如来の「我」がそこで等しくなる。より正確に述べるならば、それぞれの身体と言葉と意識からなる「三密」が等しくなる。『金剛頂経』は覚りを得るための苦行を否定し、五相成身観を提示する。それは五段階からなる「真言《マントラ》」を唱えながら、心のなかのイメージを五段階に変容させていく「観行」であった。心のなかに月輪を見て、その月輪を金剛(金剛杵)に変容させ、最後にその金剛を介して一切如来である世尊毘盧遮那如来とこの私、「我」が一つになっていることを知る。漢語で記された「真言」を、前掲した堀内の著作をもとに還梵してみれば、次のようになる。なお、その際、連声——サンスクリットでは単語と単語の音をつなげ、音を融合させてしまう——もまた解除して、それぞれの単語同士のつながりを分かりやすく表示する（念のために、連声しているもとの真言も資料としてそれぞれの下に示しておく）。

通達菩提心　Oṃ citta-prativedham karomi　（Oṃ cittaprativedhaṃ karomi）
修菩提心　Oṃ bodhi-cittam utpādayāmi　（Oṃ bodhicittam utpādayāmi）
修金剛心　Oṃ tiṣṭha vajra　（Oṃ tiṣṭha vajra）
証金剛身　Oṃ vajra-ātmakaḥ aham　（Oṃ vajrātmako'ham）
仏身円満　Oṃ yathā sarva-tathāgataḥ tathā aham　（Oṃ yathā sarvatathāgatas tathāham）

いずれの「真言」においても、その冒頭に置かれたOṃ（オーム）は、仏教以前にさかのぼる聖音である。通達菩提心、修菩提心の「真言」では、それぞれ動詞√kṛ（為す）および動詞ud-√pad（生じる）の使役形（生じさせる）が一人称単数現在、**karomi, utpādayāmi** として使われており（それゆえ主語の「我」aham は省略され）、「通達する菩提心」（citta-prativedha-）および「菩提心」（bodhi-citta-）はその目的格が用いられている。修金剛心の「真言」では、動詞√sthā（立つ）が二人称単数の命令形で、「金剛」（金剛杵）が呼格で使われている。二人称単数の命令形こそ、神々への祈願にもとづいたサンスクリットの始原とされる文法形態である。聖なるものへの呼格も、また。それゆえ、いずれも動詞語幹、名詞語幹が用いられている。いわゆる「真言《マントラ》」の基本となる形態である。証金剛身と仏身円満の「真言」はいずれも主格同士の名詞文で、一人称単数主格である「我」(aham)が「金剛を本質とするもの」(vajra-ātmaka-)であること、「一切如来」(sarva-tathāgata-)と同じごとくあること、逐語的には、一切如来「のように(yathā)、そのように(tathā)ある」ことが表明されている。サンスクリットで唱えられる「真言」を現代日本語に翻訳すれば、以下の通りとなろう——。

菩提心に通達することを、(我は)為し
菩提心を、(我は)起こす
汝、金剛よ、いまここに立て
金剛を本質とするものに「我」はなり
一切如来と等しいものに「我」はなる

まず、はじめに行為、動詞による表現行為が行われ、その結果として「我」が可能となる。無限の「我」と有限の「我」が表現行為において一つに重なり合い、そのことによって「我」は世尊毘盧遮那如来そのものとなる。一人称単数の行為から一人称単数の主体である「我」が生み落とされ、有限の行者の「我」と無限の法身の「我」が表現において等しくなる。それが五相成身観の持つ基本構造である。『金剛頂経』(『真実摂経』)では、五相成身観に続いて、世尊毘盧遮那如来を主語として、その世尊毘盧遮那如来が、一切如来の「心」から、自身の「心」に従って、「金剛薩埵」という「心」を流出させる、あるいは「心」として発出する。「心」のサンスクリットによる原語はいずれもhṛdayaであるが、チベット語では使い分けがなされている。「真言」としての「心」と「身体」としての「心」である。また、「流出する」（発出する）という動詞（前述したniś-√carである）も、他動詞としても自動詞としても解釈可能である。「心」は「真言」であり、「身体」であり、世尊毘盧遮那如来そのものであり、そこから自己と他者をともに現出させるもの、「流出し」、「発生させる」ものなのである。

空海はこの時点、『菩提心論』によって「両部の大法」が一つに総合された時点で自らの教えの、ひとまずの完成を宣言する。弘仁六年（八一五）四月二日という日付が記され、空海から全国の有力な僧侶に、『大日経』『金剛頂経』『菩提心論』など大乗を超える金剛乗を成り立たせている諸経典を筆写し、その教えを広めることを願う書簡、いわゆる「勧縁疏《かんえんのしょ》」が出された「時」である。おそらく、空海がはじめて「顕」（大乗）に対する「密」（金剛乗）の優位を説いた『弁顕密二教論』の成立も、この前後であると考えられている。しかし、すぐさま空海の金剛乗に対して、大乗の側からの反論が寄せられる。会津の僧、法相宗の徳一から空海に宛てて出されたと推定される質問状、「真言宗未決文」である。

法身が説法するというが、一体誰がその説法を聞き、誰がその説法を伝えたのか。またその説法に説かれているのは、ただひたすら「我」の救いのみである。そこには自利行しかなく、他者に対する慈悲、利他行が完全に欠けている。それは、「仏教」とは言えないのではないか。まさに井筒に対してなされたと同様な批判を、空海もまた、自らの教えの体系をはじめて確立した直後に受けていたのである。その批判に応えることから空海晩年の思索と実践がはじまる。大乗から切り離されてしまった金剛乗を、あらためて大乗に接合し直すのだ。おそらく、空海と同様の作業を、『スーフィズムと老荘思想』以降の井筒俊彦も模索し続けていたはずである。イブン・アラビーの「存在」に対してスフラワルディーの「本質」、つまりは「このもの性」(いま、現に、このように在ること)を立て、無限の「我」に対して有限の「我」を立て、空海の密教に対して道元の禅を立てる。そこにこそ、井筒俊彦の、いまだ未知なる可能性が秘められているはずである。

井筒俊彦の空海理解はきわめて正当かつ正確なものである。しかし、その理解ですべての問題が解決したわけではなかった。そこからこそ最も重要な問題がはじまる。超越する「一者」をこの「私」に内在させなければならないのだ。有限のなかにこそ無限が探究されなければならないのだ。そのことは、最晩年の井筒の思索の対象となった空海にとっても、空海についてその生涯の最後で言及しようとした井筒にとっても、充分に、充分すぎるほどに認識されていたはずである。空海は、そして井筒は、一体、どのような場に立たなければならなかったのか。

＊

『大日経』に由来する大悲胎蔵生曼荼羅は万物の「我」からの発生を説き、『金剛頂経』に由来する金剛界曼荼羅は万物の「我」からの流出を説いている。徳一は、そこを批判したのである。『大日経』にしても『金剛頂経』にしても、「我」のことしか語っていない。しかも、その「我」は、万物を発生させ、万物を流出する超越的な「我」である。

大悲胎蔵生曼荼羅においても、金剛界曼荼羅においても、中央の毘盧遮那如来とともにその西方に位置するのは阿弥陀如来——無量寿にして無量光の仏、無限の時間を体現し無限の光を体現する仏——であった。「阿弥陀」(Amita) は「無限」(量ることができることの否定) を意味するサンスクリットの形容詞であり、大乗の起源にまでさかのぼる存在であった。毘盧遮那如来の正真正銘の原型であろう。二つの曼荼羅が、中央の毘盧遮那と西方の阿弥陀 (無量寿) のみを共有していることがその証でもある。阿弥陀は毘盧遮那に先行し、毘盧遮那は阿弥陀を内在化したものである。無限の光、無限の時として存在する起源の法身、原型としての法身、「阿弥陀」を生み出したのはインドの北西から中央アジアにまで版図を広げたクシャーナ王朝であろうと推定されている (藤田宏達『原始浄土思想の研究』岩波書店、一九七〇年)。

クシャーナ王朝はギリシア語が話され、文字として記されていた文化圏である。あるいは、いずれもインド＝ヨーロッパ語族の古層に位置すると考えられるギリシア語、ペルシア語、サンスクリットが混交する領土でもあった。そうであるとするならば、無限の光にして無限の時を意味する「阿弥陀」とは、プラトンがいう意味でのイデア、プラトンに還ることを主張した新プラトン主義の哲学者プロティノスがいう意味での「一者」と構造的に等しいものでもあったはずだ。そう読み解くことも可能であろう。『大日経』と『金剛頂経』を一つに結び合わせる不空の教えはソグド人たちのなかで育まれ、ソグド人たちのなかで完成した。つまりはイラン的な環境のなかで生成された。その教えは、万物の「一者」からの産出、一人称の超越的な「我」からの創造を説くことにおいて創造論的であり、万物の「一者」からの流出、一人称の超越的な「我」からの流出を説くことにおいて流出論的なものであった。イデアは、「一者」は、現実の世界の始原《アルケー》ではあるが、現実の世界からははるかに超越するものであった。そうしたイデアにして「一者」でもある「我」に到達できるのもまた、ただ「我」でしかない。そこに他者が入り込むことは、あるいはそこが他者に向けてひらかれることは、ほとんど不可能である。徳一が批判したのは、金剛乗が持つ、あるいは金剛乗が持たざるを得ない、そのような側面である。

徳一の批判に、いかにして応えるのか。それが空海にとって、後半生の最大の課題となる。『大乗起信論』を生涯の最後に論じた井筒俊彦においても、また同様の問いが突きつけられていたはずだ。万物に超越するイデアを万物に内在させ、万物に超越する一者を万物に内在させなければならない。万物の始原を自然に内在するものとして、あるいは内在する自然そのものとして考えなければならない。幸いなことに曼荼羅は二つ存在している。『金剛頂経』の曼荼羅が精神におけるイメージの発生を明らかにしてくれるのならば、『大日経』の曼荼羅は物質における身体の発生を明らかにしてくれている。二つの曼荼羅は、「無限」によって一つに重なり合っている。その無限を自然に超越させるのではなく、自然に内在させるのだ。森羅万象あらゆるものを産出する、自然そのものの持つ力と考えるのだ。われわれは自然の持つ精神の無限のなかにある度合いを持った精神として生み落とされ、自然の持つ身体（物質）の無限のなかにある度合いを持った身体（物質）として生み落とされる。空海は、『菩提心論』に説かれた「即身成仏」に満足しない。そこからさらなる彼方へと踏み出す。『即身成仏義』において、「即身成仏」の基盤を、精神でもなく物質でもない、両者が浸透し合った「六大」に置く。「六大」において、地、水、火、風、空という物質を構成する五大と精神を構成する識大が一つに融け合っている。

「六大」は、あらゆる精神にその抽象的な形態を与える形相にして、あらゆる身体にその物質的な基盤を与える質料である。「六大」は精神であるとともに物質である。イデアであるとともに自然である。プロティノスがいう意味での「一者」、光のなかの光であるとともに「質料」、闇のなかの闇である。プロティノスがそこへとさかのぼったプラトンが、すでに『ティマイオス』において提唱してくれていた形相と質料、精神と物質の「間」にあり、ただ「コーラ」（場）としてしか名づけられないものでもある。それが徳一の批判に対する空海の答えとなり、井筒俊彦の答えともなる。超越するイデアである「空」を、存在としての「識」、私の「心」に内在させる。毘盧遮那如来の身体は、万物の母胎となる「阿」であるとともに、万物の否定、万物を「空」と化する「阿」でもあった。「阿」とは差異そのものであった（現在とは異なった時間、過去そのものをも表現する）。曼荼羅を二重化し、「阿」を二重化する。そのとき精神は無限に能動的になり、それに応じて身体もまた無限に能動的になる。それを大乗の理念にして大乗の歴史そのものとして位置づけ直すのだ。それが同時に東洋哲学の理念にしてその歴史そのものとなる。

そこにこそ、井筒俊彦の思索の始まりと終りを一つに結び合わせ、極東に固有の哲学と世界に普遍の哲学を一つに結び合わせる可能性がひらかれるはずだ。

II　井筒俊彦とジャック・デリダ

井筒俊彦は哲学の起源にして、起源の哲学を探究し続けた。

井筒がその探究の始まりにおいて、まず立ったのがギリシアであった。そして、その探究の終りにおいて立ったのがイランである。ギリシアの哲学とイランの哲学は、プラトンの哲学を解体して再構築したプロティノスの哲学によって一つに結び合わされる。井筒にとってプロティノスとは、アジアとアフリカとアラビア、そしてヨーロッパが一つに交錯する場でもあったギリシアに生起した「自然」を対象とした哲学に、一つの総合を与えた者であった。「自然」が思考の対象となるためには、人間もまた「自然」に向けてひらかれ、自身が「自然」の産物の一つであること、「自然」の産物の一つに過ぎないことが徹底して認識されなければならない。井筒がギリシアにおいて見出したのは、人間を「自然」に向けて解体し尽くす「憑依」の力であった。そうした「憑依」の力を象徴する存在はディオニュソスと名づけられていた。舞踏の神にして陶酔の神、音楽の神である。哲学の起源にはディオニュソスが存在する。それが井筒の結論であった。

第二章を中心にここまで論じてきたように、ディオニュソスに取り憑かれた女性たちは、ディオニュソスを体現する聖獣たちに集団で襲いかかり、生のまま喰らい尽くす。その瞬間、女性たちの魂は自らの肉体から「外」へと逃れ出る。憑依は「脱自」、エクスタシスという体験をギリシアの人々にもたらした。「外」の世界において、魂は永遠にして無限である。そこからオルフェウス教に代表される、魂の永生を説いた密儀宗教が生まれ、その流れがプラトンのイデア論として確立された。しかしながら憑依はエクスタシス（脱自）という体験をもたらしただけではない。人間が「自然」のなかに解体されるということは、その解体されてしまった場に、「自然」を構成するありとあらゆる要素、ありとあらゆるエレメントがあふれ出て、一つに混交するということでもある。そこにはもはや「自然」しか存在しない。万物は「自然」の「内」に存在する。つまり、万物は、そうした「内」なる自然の変様としてのみ可能となる。

ディオニュソスの憑依は、「エクスタシス」とは先鋭的に対立する、森羅万象あらゆるものが自然に内在する神的な力に満ちた「エントゥシアスモス」（自然への溶解、自然との熱狂的な合一）という現象もまた生起させる。井筒は、「脱自」に対して「神充」という言葉を与える。森羅万象あらゆるものは神的な「自然」から産出され、それゆえに神的な「自然」に内在し、しかも自らのうちに神的な「自然」を内在させている。「エクスタシス」（脱自）が「外」への超越を志向する宗教（密儀宗教）を生み出したとしたのなら、「エントゥシアスモス」（神充）は「内」なる自然への内在を志向する哲学（自然哲学）を生み出した。万物は「水」である。「水」は固体、液体、気体という物質のあらゆる状態に変様する。「水」すなわち自然は自らをさまざまに変様させながら万物を産出する。「水」こそが、自然こそが、森羅万象あらゆるものを生み出す始原《アルケー》である。

大いなる海、母なる海に面したギリシアの植民都市ミレトスに生まれた自然哲学者たちは、「水」（あるいは大気）に体現される「自然」こそが「無限」であると宣言した。「外」なる魂の無限に対して、自然の「内」なる無限である。精神の無限に対する身体（物質）の無限である。この自然哲学者たちの系譜の上に、プラトンのイデア論に果敢に抵抗したその最も優れた弟子、アリストテレスの質料形相論が生まれた。純粋な形相としてのイデアは「外」へと超越しているのではなく、自然の、つまりは物質（質料）のなかに内在しているのだ。森羅万象あらゆるものは、形相（イデアとしての魂）を内在させた質料（物質としての自然にして物質としての身体）の表現として可能となる。質料をともなわない形相は存在しない。

井筒俊彦の『神秘哲学』は、ディオニュソスの憑依があらわにした世界認識の二つの方法、一方では「エクスタシス」（脱自）から密儀宗教が生まれ、それがプラトンのイデア論として整えられ、もう一方では「エントゥシアスモス」（神充）から自然哲学が生まれ、それがアリストテレスの質料形相論として整えられ、そうした二つの流れがプロティノスの「光」の哲学によって一つに総合されるまでを、一つの歴史にして物語として描き切った著作である。プロティノスの「光」はイデアにして質料である。精神にして物質である。理念にして身体である。万物の根源たる「水」にして万物の根源たる「自然」である。プロティノスにおいて密儀宗教と自然哲学が一つに総合されるという、井筒が構築したギリシア哲学の歴史にして物語が果たして本当に正当なものであったか否かについてはさまざまな議論があるだろう。古代のギリシアの言葉で記されたテクストを独力で読み解いた上で、起源の哲学にして哲学の起源を提出する。そのような井筒の試みの先達には間違いなくニーチェが、そしてそのニーチェの哲学を解体して再構築したハイデガーの哲学が存在していたはずである。井筒はイランで、ハイデガーを読み進めていた（ナスロッラー・プールジャヴァーディーによる証言、『井筒俊彦ざんまい』一〇五頁)。おそらくは、フランスの思想界にハイデガーの哲学をはじめて紹介したアンリ・コルバンとともに。そうした諸点において、井筒が『神秘哲学』として提起した起源の哲学をめぐる歴史にして物語は、ニーチェとハイデガーを一つの源泉とする現代の哲学と完全に並行し、共振する営みであった。

そしてまた、今日の諸研究によって、ハイデガーの哲学とナチズムの哲学の親近性は疑い得ないものとなっている。井筒俊彦の哲学もまた、既に明らかにした通り、大東亜共栄圏の哲学と親近性を持ち、イラン革命の哲学と親近性を持っている。いずれの哲学も、ヨーロッパ的な近代を根底から否定し、それを超克しようとした哲学であった。ハイデガーの反ユダヤ主義、アンチ・ヘブライズムは、ヨーロッパを席巻した一神教を解体し、純粋な「起源」、哲学の起源にして起源の哲学にたどり着こうとしたものである。純粋な自然の叡智をあらわにすることによって、あまりにも人間的な宗教を破壊するのである。それは、文字通り「おぞましい」哲学である。井筒俊彦の哲学も、また然り。それでは、そのような「おぞましい」哲学を否定し、拒絶してしまえば事が済むのか。決してそうではあるまい。「おぞましさ」は現状を破壊する起爆力を秘めているはずだ。革命を生起させる潜在的な力を秘めているはずだ。しかし、その革命、現状の破壊は、たちまちのうちに反動にいきつく。ニーチェ以降、ハイデガー以降を生きなければならなかった意識的な哲学者たちは、その「おぞましさ」自体に踏み込もうとした。そこにこそ哲学の核心があると考えた。具体的な名前をあげるとするならば、ニーチェとハイデガーから受けた甚大な影響を表明し続けたミシェル・フーコー、ジル・ドゥルーズ、ジャック・デリダとなろう。彼らが旗印に掲げたのがプラトニズムの顚倒である。顚倒は否定や破壊を意味しない。もっと微妙な、まさに解体が再構築そのものとなるような繊細な解釈作業にもとづいた継承である。現代哲学は、プラトニズムの再生とともにあるのだ。

プラトニズム、起源の哲学にして哲学の起源に位置づけられるプラトンの思索をいまここに再生する、解体しながら再構築していく。それが「現代」の哲学の一つの条件であるとするならば（もちろん多くの異議も出されるであろう主題をきわめて単純化している）、プラトニズムを「脱構築」することで形をなした井筒俊彦の「東洋」の哲学もまた、「現代」の哲学に他ならない。極東の列島に生を受けた人間が世界といかにして関わり得たのか、その貴重な一つの実例となるはずだ。フーコー、ドゥルーズ、デリダと、おそらくそのなかでも、井筒が意図した「東洋」の哲学に最も近似した構造を持つのはジル・ドゥルーズが国家博士号請求論文『差異と反復』およびその副論文『スピノザと表現の問題』で構築した「差異と反復」の哲学であろう。井筒もドゥルーズも、ともに最晩年に至るまで、プロティノスが書き残してくれた「万物が観照する」という言葉を繰り返し、愛でるように用いている（プロティノスを論じるドゥルーズの最終講義の様子はジョルジョ・アガンベンによる美しい追悼文に余すところなく描き出されている）。二人とも、プロティノスの「流出」論を生涯手放さなかった。

そしてまた、井筒もドゥルーズも、ハイデガーのように、「起源」にたどり着くために、それを歪めたと判断されたヘブライズム、旧約にはじまるユダヤの思想、一神教の思想を排除しなかった(実にハイデガーの哲学もまた、もともとは一神教を哲学的に根拠づけるために始められたものである)。井筒もドゥルーズも、ギリシアにおけるその「起源」が、場所と時代、空間と時間の差異を乗り越えて、ユダヤの思想圏、一神教の文化圏で創造的に反復されることによって、より深められていったと考えていた。ドゥルーズはオランダで生活したスピノザの著作において、井筒はイランで生まれたモッラー・サドラーの著作において、真の意味でのプラトニズムの完成を見出す。ほぼ同時代を生きたスピノザとモッラー・サドラーは、ユダヤとイスラームという一神教的な環境に身を置きながら、しかもその一神教的な教えを「脱構築」してしまうような仕方で、独自の神学にして哲学を打ちたてたのである。

スピノザは、「近代」の哲学の起源を画すデカルトが二つに分けてしまった精神と身体、「思惟」と「延長」を、デカルトの定義に厳密に沿いながら唯一の実体が持つことができる、人間が認識可能な限りでの、二つの属性として定義し直す。真に存在するのは、無限に多くの属性を持つ唯一の実体のみである(人間はそのうち思惟と延長という二つの属性しか認識できない)。唯一の実体は、無限に多くの属性において、その本質を「表現」しているのである。そのことによって、実体もまた、絶えず新たなものを産出し続ける「絶対の無限」として定義し直される。自然と外延を等しくする内在神にして産出神である。神即自然にして自然即神である。そうした存在こそが哲学の起源にして起源の哲学が対象とすべきものとして見出されているのだ。ドゥルーズは、『スピノザと表現の問題』において、スピノザの「表現」は、プロティノスの「流出」をより徹底することで、それを創造的に読み換えたものであると主張している（私なりに読み解いた大意である）。もちろん、プロティノスとスピノザという両者の間に乗り越えがたい差異は存在する。「流出」は間接的であり、「表現」は直接的である。

スピノザのように「近代」の哲学の語彙ではなく、「中世」の哲学、スコラ哲学の語彙を用いてではあるが、モッラー・サドラーもまた、自らの体験、スーフィーたちが可能にしてくれた体験にもとづいて「一」以前の神、森羅万象あらゆるものを自らのうちから「慈愛の息吹」とともに産出する「無」にして「無限」の神を定位する。そうした「無」の神から、無限の「本質」（属性）を持った無限の個物が直接産出されてくるのである。無限の「本質」からなる唯一の「存在」である。もちろん、そこに語彙や力点の相違は存在する。スピノザはより哲学的な体系の樹立を、モッラー・サドラーはより神学的な体系の樹立を目指していた。しかしながら、両者の体系の持つ根底的な類似も明らかであろう。なぜならば、スピノザが成し遂げようとしたことも、モッラー・サドラーが成し遂げようとしたことも、プロティノスが成し遂げたプラトンとアリストテレス、イデア論と質料形相論の創造的な総合、その徹底した反復として理解することが可能であるからだ。スピノザが説く「実体」と「属性」の関係、モッラー・サドラーが説く「存在」と「本質」の関係、そのいずれもがイデアとしての「形相」と物質としての「質料」の関係とほぼ等しいからだ。プラトンによるイデアの超越を、アリストテレスによる自然の内在へと転換させるのである。スピノザも、モッラー・サドラーも、プロティノスの哲学をさらに「脱構築」することによって、独自の哲学の体系を打ちたてた。「起源」が創造的に反復されること、創造的に「脱構築」されることで、まったく新たなものとしてよみがえったのである。ドゥルーズの現代哲学、井筒の東洋哲学もまた、そのようなものであったはずである。ドゥルーズの研究者たちのなかにも、ドゥルーズの哲学とモッラー・サドラーの神学の類似性に注意を喚起している者が存在する。たとえば、ローラ＝U・マークスによる「ドゥルーズ哲学へのモッラー・サドラーの潜在的な貢献」(森元斎訳、『ドゥルーズ——没後20年 新たなる展開』河出書房新社、二〇一五年、所収)をあげることができる。しかし、そうした貴重な指摘が、ドゥルーズ研究の上で創造的に展開されているとはとてもではないが言いがたい。

ドゥルーズは、『スピノザと表現の問題』で提出した神即自然にして自然即神である「実体」を、『差異と反復』においては、文字通りプラトンの「イデア」として読み換える。より正確に述べるならば、ドゥルーズが主題としているのはカントの「理念」なのであるが、そこにプラトンの「イデア」が重ね合わされていることは明白である(財津理訳、河出書房新社、二〇一〇年では、そうした事実が理解しやすいように訳出されている)。ドゥルーズは、プラトンのイデアを、現代の数学と生物学を参照することで、内的な無限にして潜在的な無限として定義し直す。ドゥルーズは言う。イデアとは、その内部に無限に分化する可能性を秘めた無限の差異であり、生物学的に言うならば「卵」（生殖細胞）のようなものなのである。あらゆる器官に分化する可能性を潜在的に秘めた、それ自体においてはいまだ何の器官にも分化していない「卵」、器官をもたない「無限」にして「無底」の身体である、と。井筒俊彦が最後にたどり着いた「如来蔵」——無限の如来となる可能性を潜在的に秘めた如来の子宮にして如来の母胎——そのものであろう。ここまで類似した哲学体系を志向しながら、しかし井筒俊彦が直接の対話の相手として選んだのはジル・ドゥルーズではなく、その分身にして鏡像と称することも可能なジャック・デリダの方であった。

なぜなら、デリダこそプラトンのテクストを「脱構築」することによって、井筒のいう「如来蔵」、ドゥルーズのいう「器官なき身体」と重なり合うような概念を、プラトン自身のテクストのなかから導き出すことに成功したからである。井筒俊彦とジャック・デリダの邂逅は偶然ではなく必然であった。そこにこそ起源の哲学の持つ可能性も危険性もともにあらわにされている。二人はどのようにして出会い、どのような対話を交わしたのであろうか。

＊

フランス、正確にはフランスの植民地支配下にあるアルジェリア、さらにはそのアルジェリアの世俗化にしてフランス化が進んでいたユダヤの家系に生まれた一人の哲学者が、日本に生まれたもう一人の哲学者からの質問に答えて、一通の書簡を送る。日本の哲学者、井筒俊彦からの質問は、フランス語を極限まで行使――酷使――するその哲学者、ジャック・デリダが編み出した独自の解釈技法、「脱構築」という方法の起源について、であった。

デリダは、「脱構築」に充分な定義づけを与えてもらいたいという井筒からの要望に、こう答えている（「一人の日本の友への手紙」、デリダの著作『プシュケー』に収録、丸山圭三郎と藤本一勇による邦訳が存在するが、以下はその要旨、しかも後の議論につなげるために独自に再解釈し、より拡張したその要旨をまとめたものである）。デリダは井筒に宛てて、まずはこう記す。「脱構築」の起源は、なによりも「翻訳」にあります。私、ジャック・デリダがまず意図していたのは、マルティン・ハイデガーが用いたドイツ語の**Destruktion**（破壊）や**Abbau**（解体）をフランス語に翻訳し、自らの探究に沿うような形に翻案し直す、つまりは解釈し直すことにありました。ハイデガーはヨーロッパの存在論、それを支えている長大な歴史およびその基本構造を根柢から「破壊」し、「解体」し、その真の始源にたどり着こうとしました。しかし、ハイデガーが使うドイツ語では、否定的な意味合いが強調され過ぎてしまうのです。そこ、哲学の始源には一元的に翻訳し、一元的に解釈しきれない特異な語が、おのずから生起してくるのです。つまり、「脱構築」とはテクストのなかでおのずから起こってくるものであり、それゆえに、自己自身を解体し、再構築してしまうような運動を持ったものなのです。

私は、そのような運動とともにテクストのなかに自己生起してくる語、一元的な翻訳にして一元的な解釈に抗うような語を、たとえばこれまで「エクリチュール」や「パルマコン」（毒にして薬）、「イメーヌ」（婚姻にして処女膜）、「パレルゴン」（額縁にして土台）などという語を用いて、それ自体がテクストの実践、「脱構築」の実践であるような書物を書き継いできました。翻訳から生まれ、解釈から生まれた翻訳不可能にして解釈不可能な語にしてその語の働き、それを十全に展開させることこそが「脱構築」なのです、と。

「翻訳」とは、まったく異なった、通常では互いの意思を疎通させることすら不可能な自己と他者の「間」、二つの異なった言語の「間」に生起するものである。井筒がおそらくデリダのなかに見出していたものも、そのような「間」を生きること、自己でも他者でもない不可能な「場」を生きること、翻訳不可能にして解釈不可能な「間」にして「場」で彷徨し続け、書き続けるという、デリダという特異な個性にしか可能とならない営為であったはずだ。結局のところ、デリダが井筒から何を得たのか、正確なところは分からない。しかし、井筒がデリダから得たものについては、幸いにして、井筒自身の証言が残されている。晩年の井筒は、デリダについて二編のエッセイ、それぞれ「デリダのなかの「ユダヤ人」」、「「書く」——デリダのエクリチュール論に因んで」と題された哲学的なエッセイをまとめている（デリダからの書簡は、後者の論が掲載された雑誌『思想』一九八四年四月号、特集「構造主義を超えて」が初出となる）。いずれの論も井筒の著書、『意味の深みへ——東洋哲学の水位』に収録された。

井筒が残した二つのデリダ論のそれぞれが、井筒の「東洋哲学」を検討する上でかけがえのない重要性を持っている。しかし、デリダの営為のなかに、現在の世界哲学の課題として井筒が何を見ていたのかを理解するためには、なによりも前者、「デリダのなかの「ユダヤ人」」を読み解いていかなければならない。井筒のデリダ論はここに尽きる。井筒が、「デリダのなかの「ユダヤ人」」のなかで論じるのは、デリダの初期の仕事を代表する著作、『エクリチュールと差異』（一九六七年）――以下、谷口博史による最新の邦訳（法政大学出版局、二〇二二年）を参照し、井筒による翻訳を援用しながら、原文から直接訳出する（他のデリダからの引用も同様である）――に収められたエドモン・ジャベス論、「エドモン・ジャベスと書物の問い」であり、エマニュエル・レヴィナス論、「暴力と形而上学――エマニュエル・レヴィナスの思想についての試論」である。ジャベスはエジプトで生まれ、イタリアの国籍を持つユダヤ人の詩人であり、レヴィナスは当時ロシア帝国領内であったリトアニアに生まれたユダヤ人の思想家である。いずれもフランス語で詩作し、思索した。

デリダは両者に深い共感を寄せながらも、実にこの時点で、後に厚い親交を結ぶことになるレヴィナスの思想に苛烈な批判、最も創造的な批評を加えていく（「一人の日本の友への手紙」同様、以下、原文の正確な要約ではない）。同じくエドムント・フッサールの現象学からはじめながら、個別の、いまここに現にある存在者のなかに見出される志向性――それが哲学の基盤となり、哲学の始源となる——について、正反対の解答を導き出したハイデガーとレヴィナス（デリダもその両者の営為から甚大な影響を受けながらも、いまここで現に考えている「私」、「私」になる以前の「私」を固持するフッサールの思索のうちにとどまり続ける）。ハイデガーは、フッサールの「私」の根底を探る現象学に飽き足らず、存在者のなかに根源的な「存在」に対する開示性を見出し、それを「大地」の奥底、大地と血の結びつきのなかに探った。「存在」こそ、個別の存在者を成り立たせている思考の基盤にして思考の始源に据えられなければならないものなのだ。ナチズムを支持したハイデガーに根本的な異議を申し立てようとするレヴィナスは、「天空」の彼方に——しかしその彼方は肉体的な愛撫とは矛盾しない——ハイデガーの存在と重なり合いながらもそれとは対照的な「他者」、絶対の他者を探った。絶対の「他者」、その顔と向き合うことこそが「私」を可能にしているのだ。存在者が開示されてあるのは、存在者を存在者たらしめているのは、大地の奥深くに蠢動する「存在」であるのか、あるいは天空の彼方に、固有の顔としてあらわれる「他者」であるのか。いまここに現にある存在者、この「私」を規定しているのは「存在」なのか「他者」なのか。ハイデガーもレヴィナスも、世俗化された一神教の人格的な「神」の根底にして、その彼方を探ろうとしていた。ハイデガーは、そのために一神教の起源に位置づけられるユダヤの「神」を完全に否定する。ハイデガーの反ユダヤ主義とナチズムへの加担は、その「存在」の哲学の帰結であった——現在では誰も疑うことができなくなったハイデガーの反ユダヤ主義とナチズムへの積極的な加担が、ハイデガーの「存在」の哲学の帰結であり、その哲学がナチズムの否定ではなくその肯定的な超越、いわば超ナチズムであったことは、『ハイデガーの超‐政治——ナチズムとの対決／存在・技術・国家への問い』（明石書店、二〇二〇年）をはじめとする轟孝夫による一連の著作に説得的に描き出されている。

一神教の起源であるユダヤの「神」を徹底的に否定した果てにハイデガーがたどり着いたのはソクラテス以前のギリシアの哲学、ギリシアにおけるはじまりの哲学者たちが驚きとともに発見した「自然」である——現在のギリシア哲学研究においては、「ソクラテス以前」（プレ・ソクラテス）という形容はギリシアに生まれた哲学の多様性とその系譜をかえって混乱させるものだとして、時代性と地域性を考慮に入れた新たな区分が提唱されている。その詳細については、納富信留の『ギリシア哲学史』（筑摩書房、二〇二一年）を参照していただきたい。以下、「初期ギリシア哲学」を担った思想家たち、さらにはプラトンやアリストテレスの理解についても、同書から多くの示唆を得ている。納富には井筒俊彦のプラトン論およびプロティノス論の特色をそれぞれ論じた論考、「ギリシア神秘哲学の可能性——井筒俊彦『神秘哲学』のプラトン論」（『慶應義塾大学言語文化研究所紀要』第四六号、二〇一五年）および「井筒俊彦とプロティノス」（『井筒俊彦——言語の根源と哲学の発生』所収、河出書房新社、二〇一四年、増補新版二〇一七年）もまた存在する。井筒のギリシア哲学理解の限界とその可能性を専門家の視点から指摘したものである。

ハイデガーによるユダヤ的な「神」の徹底的な否定に対して、レヴィナスはその「神」を逆に徹底的に肯定する。そこから彼方へと超出してしまうほどに……。デリダは、そのいずれの立場にも立たない。つまりは、ハイデガーの「存在」のナチズムも、レヴィナスの「他者」のシオニズムもそのまま肯定することはない。デリダによる批判の後、レヴィナスはその批判に応え、デリダとの創造的な関係を維持しながら自身の哲学を深めていく。しかしながら、ハイデガーの「存在」が現代的な全体主義、ナチズムからの影響をその最後まで免れなかったように、レヴィナスの「他者」もまた、「神」との契約にもとづいた民族共同体の新たな創出といった現代的なシオニズムの影響を最後まで免れなかったように思われる（少なくとも、レヴィナスの仕事を主体的かつ精力的に紹介してきた合田正人はそう考えている）。デリダの批評は有効であり続けた。デリダはハイデガーの側、ギリシアの「自然」の側にも立たず、レヴィナスの側、ユダヤの「神」の側にも立たない。その「間」に生起する場所、「砂漠」を彷徨い続ける。その砂漠にこそ、その放浪にこそ、哲学の始源にして始源の哲学の姿を探ろうとし続ける。井筒が最も高く評価するのも、そうしたデリダの姿勢、デリダの立ち位置である。

『エクリチュールと差異』の中核をなすレヴィナス批判、「暴力と形而上学」は、ジェイムズ・ジョイスの『ユリシーズ』からとられた一節で閉じられる。「ユダヤギリシア人はギリシアユダヤ人であり、そうした両極端がここで出会う」（Jewgreek is greekjew. Extremes meet）。デリダは、ジョイスに由来するこの一節で論考を閉じるにあたって、さらにその前段に、こう記している。「私たちはユダヤ人なのだろうか、それともギリシア人なのだろうか。私たちはユダヤ人とギリシア人の間に広がる差異のなかに生きている。その間に広がる差異こそが、歴史と呼ばれるものの統一性を形づくっているのである」。私たちは差異のなかで、差異そのものとして生きている。井筒は、デリダの文章を翻訳しながら、その部分に注意を促す。デリダが語ろうとしているのは、ヘレニズム（ギリシアの「自然」）とヘブライズム（ユダヤの「神」）を一つに総合することがヨーロッパの文化、その宗教と哲学の基盤となった、などという口当たりの良い一般論などではない。そこには通常では絶対に結びつくはずのない差異の深淵がひらかれている。そうした差異のただなかで、差異そのものとして生き抜かなければ、哲学の始源にして始源の哲学にたどり着くことなど、とうてい不可能なことなのだ。

そこでは、「私」を安定させる「思惟」と「延長」、「精神」と「物質」という二元論は成り立たない。人間的な「私」の同一性は粉々に砕け散り、「私」は大地を引き裂いてあらわれ出でる「存在」としての自然に呑み込まれ、同様に天空を引き裂いてあらわれ出でる「他者」としての神に押しつぶされてしまう。そのような「場所」、ただ「非‐場所」（non-lieu）としか名づけられない場所なき場所からしか哲学ははじめられないのだ。デリダは、そのような「非‐場所」としての「場所」を、歴史的にさかのぼり得る限りでの最古の哲学、哲学の起源にして起源の哲学に位置づけられるプラトンが書き残したテクストのなかに見出す。プラトンが残してくれた特異なテクスト、

『ティマイオス』のなかに記された特異な概念にして、その概念を表現した特異な語、「コーラ」のなかに（そもそも「コーラ」とは「場所」を意味する言葉であった）。プラトン自身の手によって、プラトン哲学が「脱構築」されてしまう。「コーラ」がそのような事態を可能にする。「脱構築」は一方的な破壊ではなく、そこで解体と構築の区別がつかなくなってしまうような一つの出来事、出来事の生起であった。「プラトニズムの顚倒」とは、プラトニズムの破壊ではなく、プラトニズムの「脱構築」、それ自体のなかに不可避的に孕まれている差異としての肯定なのだ。「エクリチュール」、「パルマコン」、「イメーヌ」、「パレルゴン」……。デリダが「脱構築」を可能にする語として取り出してきたものたちを一つにまとめるとしたら、その概念にして語として最もふさわしいのは、この「コーラ」であろう。そしてまた、それゆえに、文字通りその最初期の仕事から最晩年の仕事に至るまで、「コーラ」はデリダに取り憑いて離れない。ジャック・デリダとは、その生涯をかけて「コーラ」を探究した哲学者、「コーラ」としてはじめて可能になる哲学の発生を探究し続けた思想家にして表現者だったのだ。『エクリチュールと差異』、『散種』（一九七二年）、『プシュケー』（一九八七年）、そして『コーラ』（一九九三年）等々と……。

それでは、デリダに取り憑いて離れない「コーラ」とは何か、一体どのような在り方をする「もの」なのか。プラトン自身は、『ティマイオス』のなかで、こう述べていた――以下、『プラトン全集 12』（岩波書店、一九七五年）に収録された種山恭子による邦訳から引用する。

それはともかくとして、差し当たってのところでは、われわれは三つの種族を念頭に置かなければなりません。すなわち、「生成するもの」と、「生成するものが、それの中で生成するところの、当のもの」と、「生成するものが、それに似せられて生じる、そのもとのもの（モデル）」の三つがそれです。なおまた、受け容れるものを母に、似せられるもとのものを父に、前二者の間のものを子になぞらえるのが適当でしょうし、さらに注意しなければならないのは、この場合、象られてつくられる像が見た目にありとあらゆる多様性を呈しなければならないことになっているのだとすると、そういう像がその中で象られて成立するところの、その当のもの（受容者）自身は、およそ自分がどこかから受け入れるはずのどんな姿とも無縁だというのでなければ、受け入れるものとしての準備がよく整っていることにはならない、ということです。

プラトンがここで述べている「生成するもの」とは具体的な身体（質料）を持った「もの」、つまりは個別の存在者である。「生成するもの」には、それに似せられて生じる、そのもとのもの、つまりはモデルとしての形（形相）が必要である。いわゆるプラトニズムとは、イデアを形相として、具体的な個物を質料として、その「間」を切り離してしまう。具体的に存在するありとあらゆる「もの」はすべてイデアの影に過ぎない。イデアは、いまここに現にある個別の存在者を否定した上ではじめて成り立つ抽象的な理念に過ぎない。それがアリストテレスのイデア論に対する批判であった。存在する限りのすべての「もの」は、他に還元しがたい固有性を持っている。その固有性は、質料と形相の割合による。万物、すなわちこの宇宙は、純粋な質料から純粋な形相にいたるまで完全な「空虚」なく、まったくの隙間なく、形あるものが形なきものを動かすという、永遠の運動状態にあり、生成と消滅からなる流転、生々流転を繰り返している。アリストテレスは、イデア（形相）を具体的な個物に超越させず、質料のなかに内在させる。それが、プラトンのイデア論を根柢から批判することで体系をなした、アリストテレスによる質料形相論である。ハイデガーは、なによりもアリストテレスの研究からはじめたのだ。いまここに現に存在するもの、「現存在」の在り方のうちにこそ「存在」を見出さなければならないのだ。

しかしながら『ティマイオス』におけるプラトンは、アリストテレスによる批判に前もって応えてしまうかのように、イデアと個物、形相と質料を一つに結び合せるものを「コーラ」として提示しているのである。形相つまりイデアは、受容器、母胎としての「コーラ」に宿ることによって、質料つまりは「もの」（物質）にその固有の形態を与えるのである。父であるイデアは、母である「コーラ」を介して、具体的な個物という子を生むのだ。「コーラ」こそ、質料のうちに形相を宿らせるものなのだ。現存在のうちに存在を宿らせるものなのだ。デリダは、ここでもまた、きわめて慎重かつ精緻な分析を続けていく。「コーラ」は母のようなものであり、母そのものではない。『コーラ』のなかで、そう注意を促している。なぜなら、「コーラ」それ自体は具体的な形を持たない、つまりは無相無形の「もの」であり、父にも子にも似ていない「もの」だからである。「コーラ」からは具体的な性差もまた、ただ差異そのものとして、根柢から無化されてしまう、脱構築されてしまう。「コーラ」は父にも子にも似ていない、それゆえ、実は母にも似ていない。「コーラ」とは、母とは差異を持ったものであり、あらゆる差異としての形態、あらゆる差異としての性差に先立つ、差異そのもの、差異それ自体でなければならないからだ。母胎でありながら母胎でないもの、不毛な婚姻、結合（「婚姻」）そのものを指示しながらも、「婚姻」以前に位置づけられる、それが破られなければ「婚姻」が可能とはならない「処女膜」のようなものなのだ。「婚姻」も「処女膜」もフランス語ではまったく同じく「イメーヌ」（hymen）という語によってあらわされる。「コーラ」は「イメーヌ」であり、場所を否定する場所、「空虚」（間隙）としてしか生起しない「非‐場所」である。それが、「パルマコン」と「コーラ」を一つに重ね合わせるプラトン論、「プラトンのパルマケイアー」と、「イメーヌ」によって表現の場の開示をあらわにするマラルメ論、「二重の会」を連続して収録した『散種』の結論であり、デリダの表現哲学、その文芸批評の帰結である。プラトン自身の手によってプラトン哲学そのものが脱構築されてしまうのである。

「コーラ」は、形相と質料の間、精神（思惟）と物質（延長）の間、ユダヤの神とギリシアの自然の間、レヴィナスの「他者」とハイデガーの「存在」の間ではじめて可能となり、その両極端を、いまここで現に、「現存在」のうちに出会わせるのである。それが果たして何かの救いになるのか。明確な解答はない。しかし、いまあらためて「コーラ」を問い直し続けることこそが、「起源の哲学」を創造的に反復することにつながるはずだ。何度も繰り返すが、それは「おぞましい」体験を反復し続けることでもある。大東亜共栄圏の哲学を、互いに反撥し合いながらも、ともに理論づけることになった師である西田幾多郎と弟子である田辺元の間で生起した「種」の理論をめぐる論争も、この「コーラ」をめぐるものであった。西田は「コーラ」を抽象的な「場所」と捉え、田辺は具体的な身体、「種」と捉えた。師である西田はあまりにも「コーラ」を理念的に、プロティノス的に理解し過ぎている。「コーラ」はより唯物論的に、ヘーゲル的に理解されなければならない。それが弟子である田辺の批判であった。ほとんど現在、井筒に投げかけられている批判そのものである。西田は田辺の批判を吸収するような形で、いわゆる西田哲学を完成していった。井筒俊彦の哲学は、そうした極東の現代哲学にダイレクトにつながり、それを継承したものであったはずだ。

西田も田辺も、大東亜共栄圏のヴィジョンを華厳の教えにもとづきながら構築していった。それを唯心論的に捉えるのか唯物論的に捉えるのか。あるいは戦争の理論をいかにしたら共生の理論へと転換することが可能なのか。問いは、現在においてもひらかれたままである。だからこそ、われわれは、これからもまた、井筒俊彦が残してくれた貴重なテクスト群を読み直し続けなければならないのである。

初出一覧

第一章　原点――家族、西脇順三郎、折口信夫

井筒俊彦の墓（『三田文學』一四八号、二〇二二年冬）

井筒俊彦の起源（『三田文學』九六号、二〇〇九年冬）

第二章　ディオニュソス的人間の肖像

井筒俊彦　ディオニュソス的人間の肖像（『群像』二〇二〇年七月号）

第三章　始原の意味を索めて――『言語と呪術』

井筒俊彦の隠された起源（『言語と呪術』解説、慶應義塾大学出版会、二〇一八年）

第四章　戦争と革命――大東亜共栄圏とイラン

大東亜共栄圏の哲学――大川周明と井筒俊彦（『アソシエ』一七号、二〇〇六年。『近代論　危機の時代のアルシーヴ』NTT出版、二〇〇八年所収）

霊性の革命（『死者と霊性』岩波新書、二〇二一年）

第五章　東方の光の哲学――プロティノス・華厳・空海
井筒俊彦のエラノス――シャマニズム、禅、華厳（『三田文學』一一七号、二〇一四年春）
井筒俊彦と華厳的世界――東洋哲学樹立に向けて（『井筒俊彦の東洋哲学』慶應義塾大学出版会、二〇一八年）

第六章　列島の批評――「産霊」の解釈学
哲学と批評（『世界哲学史 8』ちくま新書、二〇二〇年）
「東方哲学」素描――鈴木大拙、折口信夫、井筒俊彦の仏教（『現代思想』二〇一八年一〇月臨時増刊）

終　章　哲学の起源、起源の哲学
井筒俊彦と空海（二〇二二年一二月一七から一八日にかけて国立民族学博物館で開催された国際会議、「井筒俊彦の東洋哲学を再定置する」における発表原稿に加筆）
井筒俊彦とジャック・デリダ（後半部分を『文學界』二〇二三年四月号に発表）

著者紹介
安藤 礼二（あんどう・れいじ）
1967年東京生まれ。文芸評論家、多摩美術大学図書館情報センター長、美術学部教授。
出版社勤務を経て、2002年「神々の闘争――折口信夫論」で群像新人文学賞評論部門優秀作、2006年『神々の闘争 折口信夫論』で芸術選奨新人賞を受賞。2009年『光の曼陀羅 日本文学論』で大江健三郎賞と伊藤整文学賞を受賞。2015年『折口信夫』でサントリー学芸賞と角川財団学芸賞を受賞。その他の著書に、『大拙』『熊楠 生命と霊性』『縄文論』など、翻訳書に井筒俊彦『言語と呪術』（監訳・解説、慶應義塾大学出版会）がある。

井筒俊彦　起源の哲学

2023年9月9日　初版第1刷発行

著　者――――安藤礼二
発行者――――大野友寛
発行所――――慶應義塾大学出版会株式会社
〒108-8346　東京都港区三田2-19-30
TEL〔編集部〕03-3451-0931
〔営業部〕03-3451-3584〈ご注文〉
〔 〃 〕03-3451-6926
FAX〔営業部〕03-3451-3122
振替　00190-8-155497
https://www.keio-up.co.jp/
装　丁――――小川順子
装　画――――勢藤明紗子
組　版――――株式会社キャップス
印刷・製本――中央精版印刷株式会社
カバー印刷――株式会社太平印刷社

Printed in Japan ISBN978-4-7664-2842-1